LA
COMEDIE
DE
PROVERBES:

PIECE COMIQVE,

Troisiesme Edition.

A TROYES,

Chez Nicolas Ovdot : demeurant en
la ruë nostre Dame, au Chappon
d'Or Couronné.

M. DC. LIV.

(3)

ARGVMENT.

LIDIAS, Gentil-homme plus noble que riche ayant aymé long-temps Florinde fille du Docteur Thesaurus, & se voyant hors d'espoir de l'espouser, à cause de la recherche qu'en faisoit le Capitaine Fierabras, qui auoit beaucoup plus de moyens que luy, s'en vient la nuit assisté d'Alaigre son valet pour enleuer ceste belle qui luy auoit desia donné sa parole, ayant à mesme instant asseurance de Philippin valet de la maison qui estoit resolu de s'en aller auec elle, ils accomplissent heureusement leur dessein & s'en vont eux quatre ensemble. Le Docteur Thesaurus qui estoit aux champs apprit à son retour l'enleuement de sa fille, tant par le rapport d'vn voisin que par sa femme qui ne la trouua plus au logis. Ce que le Capitaine Fierabras ayant appris aussi, il vient tesmoigner au Docteur le ressentiment qu'il a de cét affront & iure de s'en venger. Les fugitifs d'vn autre costé essayant auec beaucoup de peine d'arriuer à vne metairie que Lidias auoit aux champs, & comme ils se trouuerent dans vne campagne voyant que la faim ne leur permettoit pas d'aller plus loing, ils se mettent à l'ombre de quelques arbres pour manger de la prouision que Philippin auoit eu soin d'apporter, bien tost apres leur repas, la grande chaleur & la lassitude les inuite à prendre le repos que l'agreable fraîcheur du lieu où ils estoient leur faisoit esperer, & pour cét effect ils se despouillerent des habits qui les incommodoient le plus. Or pendant leur sommeil, quatre Boësmiens qui estoient poursuiuis du preuost pour quelques larcins qu'ils auoient faits, se rencontrerent aupres d'eux & leur iouerent vn tour de leur mestier

A ij

afin de se sauuer plus aisément. Ils se vestirent donc de leurs habits & leur laisserent les leurs, ceux qui auoient trop d'ormy se trouuerent vollez à leur resueil, ils se consolent neantmoins par vne inuention que trouue Alagre de contrefaire les Boefmiens & se seruir de leurs habits pour aller voir le Docteur & luy disant la bonne auenture le faire consentir à receuoir sa fille auec vn gendre. Ce qui leur reusit tres bien, car le Docteur & sa femme creurent presque ce quel eur dirent ceux qu'ils croyoient estre vrais Boefmens, le Capitaine auquel on auoit dit aussi la bonne aduenture deuint amoureux de la Boefmienne Florinde, qui ressembloit ce disoit-il à sa premiere maistresse qui auoit esté enleuée, il luy fait donner vne serenade, qui est interrompuë par le preuost qui cherchoit les voleurs Boefmiens qui s'estoient sauuez.

Il frappe à la porte ou estoit Lidias auec ceux de sa troupe que l'on prend pour Boefmiens. Lidias recognent incontinent le Preuost qui estoit son frere, ils s'en vont tous ensemble trouuer le Docteur qui receut Lidias pour son gendre auec beaucoup de contentement, & les amans gousterent en repos les plaisirs que leur amour meritoit. Le Capitaine desesperé d'amour va rechercher sa consolation dans les occasions de la guerre.

PROLOGVE DV DOCTEVR
Thefaurus.

PYthagoras, Socrates, Plato, Ariftoteles, *atque alij tam Magi facerdotes, Gimnofo biftæ, Drnidæ, fapientes,* Doctores, *quam qui in omni fcientiarum genere floruerunt vt* Domofthenes, Cicero, & autres de mefme farine, tant anciens que modernes, nommez & à nommer, dits & à dire, dictez & à dicter, recitez & à reciter, cognus & à cognoiftre, nez & à naiftre en ce monde icy & en l'autre, *toti & rudifimi quidem fed nihil ad me*; car il n'y a non plus de comparaifon d'eux à moy. que d'vn Efcolier à vn Maiftre, d'vn butor, à vn efpreuier, d'vn afne à vn cheual, d'vne fourmis à vn Elephant d'vne montagne à vne fouris, & parlant par reuerence, que d'vn eftron à vn pain de fucre, *fic de cæteris*, ce ne font que des zeros en chiffre au regard de moy, qui fuis *Magifter Magiftrorum*, *Doctor Doctorum*, *Præceptor præceptorum & totius vniuerfa academiæ facilè princeps & coriphæus*, moy et qui la Philofophie à fait fon *indiuidu*, moy qui ay prefclu fept ans pour vn Carefme, moy qui enfeigne Minerue moy qui fuis le tripier d'élitte, & le pot aux tripes, *dis i-* le prototipes de doctrine, moy qui fuis en vn mot l'encilopedie; mefmes le ramas de toutes les fciences *in fequitur*, que ie fuis le premier des Docteurs du monde *quare & per quam regulam*, quand les canes vont au champs la premiere va deuant: Voila qui eft vuidé auf bien qu'vn peigne aux autres ceux la font coffez, *ad nilo*, pour neant faifons partie nouuelle & ioüons fu nouueaux frais, *ferio*, tout de bon *auditores amplifm̄*

tant petits que grands, *vtriusque generis masculinis &*
feminis, à tous bons entendeurs salut, honneur, santé,
ioye amour & dilection, vous soyez tous les auffi bien
venus, comme si l'on vous auoit mandez, vous auez bien
faict de venir car ie ne vous fuffe pas aller querir. Mais
à propos de bottes, mes fouliers font perfez, comurez vos
bagotiers, la fueur vous est bonne, & à moy auffi, car il
est bon fou qui s'oublie, orfus, or ça, or fus, or fus
donc, *vos debitis sepelire*, vous deuez fçauoir qu'il est
auiourd'huy S. Lambert, qui fort de fa place la pert,
que la conferue vaut mieux que le refiné, *qui benest at*
bon fine mone, dit l'Italien, *& nos doctiffimi doctores*, nous
lifons en nos efcolles prouerbiales *qui tenet tenat, poffe-*
fio valet, qu'il vaut mieux tenir que querir, & au cas
rere Lucas, que Lucas n'euft qu'vn œil, fa femme auroit
fpoufé vn borgne, & aucas dis-ie quelques Docteurs de
nouuelle impreffion, & de la derniere couuée, ayant
hauffé leur vert coquin & enfamé la langue fous la che-
minée des mefdifans, veulent tondre fur vn œuf, & cor-
iger le Magnificat à Matines, nous leur riuerons bien
eur clou & leur dirons qu'il n'y à point de plus empefchez
que ceux qui tiennent la queuë de la poifle, qu'on est
uitte à bon marché quand on ne pert que les arres, qui
beau fe taire de l'efcot qui rien n'en paye pour la bonne
uche, & qu'il eft facile de reprendre mais mal-aifé de
ire mieux, fi bien que de ce cofté la nous en demeurons
deux de ieu, à bon chat bon rat, s'ils nous donnent des
ois nous leurs donnerons des febues, qu'en dites vous
meffieurs les auditeurs, & vous mes dames les auditr if-
is, motu bouche coufuë, vous reffemblez le Perroquet
e maiftre Guillaume, qui ne dit mot & n'en penfe pas
loins, il eft temps de parler & temps de faire le taffet,

hoc verbo , celuy qui ferme la bouche & fe taift, n'eft-ce
pas bien parler à luy, c eft ce que va faire *le fcientifique &*
venerable Docteur Thefaurus , en vous difant *valete &*
plaudite , toutes-fois puis qu'en bonne compagnie il ne
faut rien celer & rien garder fur le cœur qui nous faffe
mal, ie vous diray en deux mots à coupe cul, pour m'ex-
pliquer plus clairement , c'eft que nous vous prions
inftamment de donner le filence, en recompenfe & con-
trechange dequoy troc poft trocàpetits frais fans bourfe
deflier, ie vais quexir mes compagnons qui ciront &
feront comme Robin fit à la dance du mieux qu'ils
pourront , qui dit ce qu'il fçait & donne ce qu'il à n'eft
pas tenu à d'auantage, fi vous ne le voulez charbonnez
le, & pour conclufion donc,ie vous dis que l'experience
eft maiftreffe de toutes les fciences , *& experto cœcedera*
roberto : mais comme il n'y à fi bonne compagnie qu'en
fin ne fe fepate ; Adieu fans adieu , amour fans regret,
valete, valete, atque iterum valete.

NOMS.

DES ACTEVRS.

LIDIAS, *Amoureux de Florinde.*
ALAIGRE, *son valet.*
LES ASSISTANS DE LIDIAS.
PHILIPPIN, *valet du Docteur.*
FLORINDE, *Fille du Docteur.*
BERTRAND, *voisin du Docteur.*
MARIN, *autre voisin.*
CLABAVLT, *apprenty de Marin.*
LE DOCTEVR THESAVRVS.
ALIZON, *sa seruante.*
MACEE, *la femme du Docteur.*
LE CAPITAINE FIERABRAS.
Quatre BOESMIENS *volleurs.*
vn ARCHER *ou deux.*
LE PAGE DV CAPITAINE.

LA
COMEDIE
DE PROVERBES.

ACTE PREMIER

SCENE PREMIERE.

**LIDIAS ALAIGRE LES ASSISTANS,
PHILIPPIN, FLORINDE.**

LIDIAS. *Ils sortent de nuict.*

ANt va la cruche à l'eau qu'enfin
elle se brise, d'autres ont battu les
buissons nous aurons les oyseaux,
c'est à ce coup qu'ils sont pris s'ils
ne s'enuollent, car la nuict qui est
noire comme ie ne scay quoy, nous aidera
mieux à trouuer la pie au nid. *Alaigre.*
Il eust mieux valu venir entre chien & loup,

A

il fait noir comme dans vn four, à peine puis-
ie mettre vn pied deuant l'autre, mais à propos de botte, nous ne sommes pas loin de la
maison de Florinde qui nous guette à cette
heure comme le chat fait la souris.

Lidias.

Lidias met ses gens en ordre au coin de la rue.

Sus compagnons prenons l'occasion aux che-
ueux, vostre nez icy, vostre nez là, & en cas de
resistance mettez la main à la serpe & frappez
comme des sours, la mere de Florinde dort à
ceste heure comme vn sabot.

Les Assistans.

Ça, ça, cela s'en va sans le dire.

Lidias frappe à la porte.

Ouurez l'huis ma mie de par Dieu, & de par
nostre Dame si vous voulez estre nostre fême.

Philippin regarde a la fenestre.

Qui va la, i'ay peur.

Lidias.

Non est ie ne vous cognoy non plus que l'enfant qui est à naistre.

Lidias.

Ouurez, ouurez, nous sommes des amis de
la fille de la maison. *Philippin.*

Dieu vous soit en ayde, nostre pain est tendre.

Alaigre.

Diable sois le gros soufleur de boudin, tant

de difcoursne font pas les meilleurs, fus compagnons forçons la baricade.

SCENE II.

Philippin, Alaigre, Lidias, Florinde les affiftans.
Philippin.
Philippin fort du logis, & Lydias y entre pour
prendre Florinde: Lidias fort qui emporte Florinde.

AVx volleurs, aux volleurs, on nous tient
comme dans vn blé, attendez, attendez
ruftres coureurs de nuict, ie m'en vais vous
tailler de la befongne, ça ça à tout perdre il
n'y à qu'vn coup perilleux, aux volleurs, aux
volleurs on emmeine ma maiftreffe roide
comme la barre d'vn huis.

Alaigre.
Il faut mourir mon petit cochon, il n'y à plus
d'orge. ### Philippin.
Prenez garde, qui frapera du coufteau mourra de la guefne, au meurtre, au fecours, on
m'afaffine comme dans vn bois.

Alaigre.
Tu reffemble l'Anguile de Melun, tu crie
deuant qu'on t'efcorche.

Philippin.

Ach, ie suis blessé, les boyaux y auallent i'en
n'aurray.

Alaigre.

Tu n'es pas ladre, tu sens bien quand on te
pique.

Floride.

Aux voleurs, à l'ayde, secourez-moy, on
m'enleue comme vn corps sainct.

Lidias.

Tenez mes amis, voila ce que les rats n'ont
pas mangé attendez-moy à la porte de la ville
mais non pas comme les moines font l'Abbé.

Les assistans.

Cela vaut fait.

Alaigre.

Monsieur, nous mangerons du boudin, voila
si grosse beste à bas.   *Lidias.*

Se seroit dommage qu'il mourust vn vendredy, il y auroit bien des tripes perduës.

Alaigre.

Mais encore en faut-il faire quelque chose
ou rien.   *Lidias.*

Fais en des choux ou des pastez, & ne les gar-
dez non plus que de la fausse monnoye.

Alaigre.

Ça, ça ie m'en vais le mener par vn chemin
ou il n'y a point de pierre.

Alaigre sombe.

Lidias.

Il y a vn vielleux enterré là deſſous, ilá
dancer vn lourdaut, releue toy bon homme
fuyons viſte comme le vent, il vaut mieux vne
bonne fuitte qu'vne mauuaiſe attente,
de quel coſté tourne tu ra iaquette, tu reſſemble les eſcoliers tu prens le plus long, tu es estourdy comme vn aneton, mais chaut, mortus la
cane pont. *Les voiſins regardent en la rue.*

Alaigre.

Ho, ho, il eſt demain feſte , les marmouſets
ſont aux feneſtres.

Prenons garde à noſtre vaiſſelle, il n'y a ſi
petit buiſſon qui ne porte ombre.

SCENE III.

Bertrand, Martin & Clabault.
Bernard.

AVx volleurs, aux volleurs, on enleue la
fille du Docteur comme vn treſor, ie ne
ſçay ſi elle ſe mocque ou ſi c'eſt tout de bon
mais elle crie comme vn aueugle qui a perdu
ſon baſton , helas mon voiſin, plus l'on va en
auant & pis c'eſt, il y a d'auſſi meſchants gens
dans ce monde qu'en lieu ou on puiſſe aller, o

dit bien vray qu'vne fille eſt de mauuaiſe garde, & a vn bon iour, bonne œuure, aux bonnes
feſtes ſe font les bons coups.　　*Marin.*

Helas, Iean mon amy, ſaimon, car fille qui
eſcoute & ville qui parlemente eſt à demy rẽ-
duë, helas, ils enleuent Philippin comme vn
corps mort, garçons, aux volleurs, aux volleurs courez deſſus & frappez comme tous les
diables, quoy, ie reſſemble monſieur de Bouillon, quand ie commande perſonne ne bouge.

Bertrand.

Et eux fins les gros butors, il y fait chaut, ils
ſont armez comme des Iacquemarts & mon-
tez comme des ſaincts Georges, il vaut mieux
faire comme on fait à Paris, laiſſer pleuuoir,
ie n'ay garde de m'y aller faire frotter.

Clabault.

Allez vous frotter le nez au cul de ces gens-
là, que ſçait-on qui les pouſſe.

Bertrand.

Tu te feras pluſtoſt bailler vn coup de cuiller
à la cuiſine, qu'vn coup d'eſpée à la guerre.

Marin.

Nous nous debattons de la chappe à l'Eueſque, ils ont fait deſia haü le corps iaquette de
gris, ils vont du pied comme des chats maigres,
& comme s'ils auoient le feu au cul, à la preſſe
vont les fous, fils de putain qui yra.

Bertrand.

Il est vray qu'il vaut mieux estre foux qu'en
mauuaise compagnie, pour trop gratter il en
cuit aux ongles qui garde sa femme & sa maison à asez d'affaires, mais cependant on s'e-
strangle, il est tard Iacquet, retirons nous
tretous ensemble chacun chez soy, bon iour,
bon soir c'est pour deux fois l'on crie demain
des cotrets à Paris.

SCENE IV.

Thesaurus, Alizon, Matee & Bertrand.
Thesaurus.

PRO*sanitate corporis.* Il n'est que l'air des chã
O quam bonum est, quam iucundum, ho qu'il est
aggreable. *Alizon.*

Voila bien debuté pour vn Docteur, dites
plustost pour la santé du corps, la chaleur des
pieds, & à dire vray, vn fol enseigne bien vn
sage.

Thesaurus.

C'est vouloir enseigner Minerue, non sans
raison l'on dit que parler à des ignorans c'est
semer des marguerites deuant les pourceaux,
va, tu es vn animal indecrotable. *Iterumque dico*
animal & per omnes casus animal.

Alizon.

Pour du latin ie n'y entends rien, mais pour du grec ie vous en casse.

Petora campi.

Alizon.

Voila du latin de cuisine, il n'y a que les marmittons qui l'entendent.

Thesaurus.

Ie t'ay presché sept ans pour vn Caresme mais cela t'a passé en oreille d'asne.

Parlez François, à bon entendeur ne faut qu'vne chartée de paroles : mais mon maistre ie m'auise en mangeant ma soupe de la chanson qui dit, Clopin tu n'y sçaurois aller.

Thesaurus.

La pelle se mocque du fourgon, mais à propos de clopiner, par ciceron c'est vne fascheuse monture que la haquenée des Cordeliers, il m'est aduis que i'ay apporté le cloché de S. Denys sur mes espaules tant ie suis lassé & recru : si i'y retourne de la façon que l'on m'y foüette.

Alizon.

Vrayment saimon, voila bien dequoy, il a fait en quinze iours quatorze lieuës : la pauure beste qu'elle est lasse, elle vient de S. Denis : c'est bien employé, vous estes riche comme vn Iuif, & si vous souppez des le matin de peur de

pisser au lict, vous estes plus auare qu'vn vsu-
rier, on tireroit plustost de l'huile d'vn mur
que de l'argent de vostre bource: quand on
vous en demande il semble que l'on vous ar-
rache le cœur du ventre il ne tient pas a vous
que nous ne fassiós petites crottes. On ne sçait
ce que vous estes: les vns disent que vous estes
Grec, les autres latin, pour moy ie dis que
vous n'estes ny Grec ny latin, mais vous estes
vn peu Arabe.

Thesaurus.

La la Alizon selon la iambe le bras selon le
bras la saignee, qui bien gaigne&bien despéd
n'aque faire de bourse a mettre son argent, a
petit mercier petit panier, a petit trou petite
cheuille. Il faut faire petite vie & qu'elle
dure, & ne pas manger son bled en verd, ny
son pain blâc le premier: *qui va piane va sane & qui va sane va lontane, qui va lontane va bene,* petit
à petit l'oiseau fait son nid, maille à maille fait
le haubergeon.   *Alizon.*

Vous auez bien peur que terre ne vous fai'le,
il ne vous en faut que six pieds. Si le ciel tom-
boit il y auroit bien des allouette prise, vous
estes vn vray chiche face, & tout ce que ie vo°
dis autant vaudroit il parler à vn Suisse & se
cogner la teste contre vn mur.   *Thezaurus.*

Il est vray que l'on a beau prescher à vn qui

n'a cure de bien faire, ie fuis ferme comme vn
mur, & i'ay la ceruelle trop bien timbrée pour
ne pas fçauoir ce que i'ay affaire. Comme dit
l'autre ce qui eft fait eft faict.

Alizon.

Ne deuriez vous pas vous refiouyr quand la
barbe vous vient, & du vin par la bonne annee

Thefaurus.

Il fera vert noftre vin, nous n'en pourrons
boire, & puis noftre vigne reffemble celle de
la courtille, belle monftre & peu de rapport:
mais quand i'y fonge nous fommes leuez du
matin.   *Alizon.*

Saimon, c'eft pour baifer le cul a Martin de
peur qu'il n'y ait preffe: nos gens font eftonez
comme des fondeurs de cloches, de nous voir
a cefte heure qu'on n'entendroit vne fouris
trotter par la ruë.

Thefaurus frappe à la porte.

Femme, fille, Philippin, quelqu'vn de nos
gens les mieux habillez, *attollite portas* au Docteur des Docteurs. Ils font morts ou ils dor-
ment, mais ie crains que ce ne foit vn fomme
d'airain, & que ma femme ne foit allée au
royaume des taupes *& in terre*   *Macee.*

Qui va la ? combien eftes vous qui n'auez
point mangé de foupe, fi vous eftes feul attendez compagnie.   *Alizon.*

Chauſſez vos lunettes, & parlez par la feneſtre & vous verrez que c'eſt le maiſtre.

Theſaurus.

C'eſt le ſcientifique & venerable Docteur Theſaurus.

Macee.

Vous vous leuez bié matin de peur des crotes.

Alizon.

Qui a bon voiſin a bon matin.　*Theſaurus.*

Il a beau ſe leuer tard qui a le bruit de ſe leuer matin.　*Alizon.*

Se leuer matin n'eſt pas heur, mais deſieuner eſt le plus ſeur.

SCENE V.

Macee, Theſaurus, Bertrand, Alizon.

Macee.

VOus ſoyez le tres-bien venu comme en voſtre maiſon de l'Iſle de Bouchard. A quoy eſt bon tout cela, vous n'allez que la nuit comme le Moine bouris & les loups garous : on ne ſçait comme vous auez la iambe faicte : vous ne dormez non plus qu'vn lutin, & ſi vous ne laiſſez dormir les autres.

Theſaurus.

Ho ho, voſtre chien mord il encore ? Vous

estes bien rudes a pauures gens. Qui vous fait mal Macee pour nous faire vne mine pire qu'-vn excommuniment : vous vous estés leuée le cul le premier, vous estes bien engrongnée.

Macee.

i'auons ce que i'auons i'auons la teste plus grosse que le poing, & si elle n'est pas enflee.

Thesaurus.

Ie vois a vos yeux que vostre teste n'est pas cuite, vous auez quelque diablerie : il vous fait beau voir vn pied chaussé & l'autre nud, ne pouuiez vous faire ven.. ce maroufle de Philippin

Macee.

Il dort la graise matinée, il fait ses choux gras, nostre fille ne grouille ny ne pipe, mais ie m'é vais les appeller tout bas tāt que ie pour-ray : philippin philippin de par Dieu ou de par le diable sus debout, les chats sont chaus-sez, ou ay, ils ont peur de payer, personne ne respond.

Thesaurus

Si ie vay la ie vous feray faire le saut de crapaut.

Macee.

Vrayment ie m'en vais luy donner son bouillon.

SCENE VI.

Alizon, Bertrand, Thesaurus, & Macee.

Bertrand.
Vn voisin entre.

HElas mon voisin, ou estiez vous durāt la bagare, les volleurs ont emmené vostre fille & philippin. Ils ne le vouloient pas nourrir : car ils luy ont baillé plus decoups que de morceaux de pain. Ie ne scay s'il en mourra, mais ils l'ont lardé plus menu que lieure en paste : morguoy nous fassions sortis, mais les coups pleuuoient dru comme mouches.

Macee.
Mon mary, mon mary, tout est perdu, il n'y a plus que le nid les oyseaux s'en sont enuolez nous sommes reduits au bisac, nous sommes venus a nid de chien, nous sommes volez & ruinez de fond en côble. Voila que c'est que de laisser des oisons & des bestes a la maison, & s'en aller comme vn materas desempane, sans regarder plus loing que son nez, & sans songer ny à cecy ny a cela.

Thesaurus.
Les battus payeront l'améde, ceux qui nous

doiuent nous demandent.   Il est vray que ie
suis plus malheureux qu'vn chien qui se noye,
de m'estre fié à vne femme, & d'auoir estably
ma seureté sur vn sable mouuant. Me voila reduit au baston blanc & au saffran, le grand chemin de l'hospital car ils n'ont laissé que ce
qu'ils n'auront peu emporter. Me voila entre
deux selles le cul à terre , plus sot que Dorie,
plus chanseux qu'vn aueugle qui se rompt le
col. Helas mon voisin i'ay perdu la plus belle
rose de mon chappeau la fortune m'a bien
tourné le dos, moy qui auois feu & lieu, pignon
sur ruë, & vne fille belle comme le iour, que
nous gardions à vn homme qui ne se mouche
pas du pied , qui m'eust seruy de baston de
ma desconuenuë, il seroit icy il y a long-temps,
ou en chemin pour luy tailler des croupieres
si le bon-heur nous en eust tant voulu qu'il se
fust rencontré à la meslée , il en eut mangé
plus de six cens auec vn grain de sel.

Alizon.

Sans compter les femmes & les petits enfans.

Bertrand.

Il n'a pas les dents si longues. Helas mon voisin : il n'est pas si diable qu'il est noir , il eut assez d'affaire de iouer de l'espée à deux iambes,
s'il y eust esté en personne ie croy qu'il n'en
eust pas rapporté ses oreilles, s'il eust veu sortir

vne goute de ſang il euſt eſté plus paſle qu'vn
foireux, il fait aſſez du rodomont & puis c'eſt
tout. Pour moy il faut que ie vous confeſſe,
encore que ie ne ſois pas vn pagnotte, que i'ay
penſé piſſer de peur, & ſi ie ne les voyois que
par la feneſtre de mon grenier.

Matee.

Vous eſtes auſſi vn vaillant champion, ie ne
m'en eſtonne pas : vous eſtes vn grand abba-
teur de quilles, c'eſt dommage de ce que la
caillette vous tient. Voila que c'eſt d'auoir
de bons voiſins i'en ſommes bien attournez,
ils font les bons valets quand on en a plus que
faire, mais a qui vendez vous vos coquilles ? à
ceux qui viennent de ſainct Michel.

Bertrand.

Voilà que c'eſt, faites du bien a vn vilain, il
vous crachera au poing : poignez le, il vous
eindra, oignez le il vous poindra, greſſez luy
ſes bottes, il dira qu'on les bruſle.

Matee.

Vous en auez fait tout plain, mais c'eſt comme les Suiſſes portent la hallebarde, par deſſus l'eſpaule. Au beſoin on cognoiſt les amis.
Bien, bien c'eſt la deuiſe de Monſieur de
Guiſe, chacun à ſon tour.

Theſaurus.

Ma femme, le torrent de la paſſion vous em-

porte vous auez fait la faute, & vous voulez
que les autres la boiuent: mettez de l'eau dans
voltre vin, il falloit que vous fussiez bien endormis pour ne pas entêdre le sabbath de ses
maudites gens-la, il y a là du micq mac, on
vous auoit mis sãs douté de la poudré a grim-
per sous le nez, ou bien vous auiez du coton
dãs les oreilles, mais patience passe science,
il ne faut point tant elier des yeux.

Macee.

Marchand qui perd ne peut rire, qui perd
son bien perd son sang, qui perd son bien &
son sang perd doublement.

Thesaurus.

Les pleurs seruent de recours aux femmes
& aux petis enfans. Mais ce pendant que no9
nous amuſons a la moutarde & à côter des
fagots, les voleurs gaignent la guérite. Si faut
il scauoir le court & le long de cette affaire:
Ie crains qu'ils n'ayet fait perdre le goust du
pain a Philippin, & qu'ils ne l'ayent enuoyé
en Paradis en poste.

Alizon.

Helas le pauure garçon: s'il est mort Dieu
luy donne bonne vie & longue.

Thesaurur.

Mais Sire bernard, ces diables de rauisseur,
n'auoient-ils pas yn nez au visage quand ils
vous ont donné si bien la fée.

                                   Ie cro

Bertrand.

Ie croy qu'ils sont du pays-bas car ils sont
esgoulez.

Alizon.

Que vous en chaud qu'ils soient verds ou gris
il vaut autãt estre mordu d'vn chien que d'vn
chat.

Thesaurus:

Non pas, car en affaire d'importance il ne
faut pas prendre S Pierre pour sainct Paul, de
peur d'en mordre ses poulces, mais mon voisin, ne vo⁹ defiez vous point qui m'auroit ioué
ce tour là. **Bertrand.**

Ie ressemble chiant liet, ie m'en doute. Ce
pourroit bien estre quelque amoureux transi
qui vous auroit faict ceste eschaufource, car
i'ay veu ies iours passez roder vn certain vert
gallant autour de voltre maison.

Macee.

Ie ne scaurois m'imaginer qui nous a fait ceste
escorne. Si Lidias estoit en ceste ville ie croi-
rois bien que ce fust luy qui auroit mange le
lard. **Alizon.**

Helas le pauure ieune homme, il n'y songea
non plus qu'a sa premiere chemise il est bien
loing s'il court tousiours.

Macee.

Aga nostre chambriere, vous a - il donné

des gages que vous parlez si bié pour luy. Vous
mettez voltre nez bien auant dans nos affaires,
meslez vous de voltre quenoüille, & allez voir
la deuant si i'y suis.　　　　　*Marion.*

Ie suis marion, ie garde la maison　Si ie chauf-
se ma teste ie n'iray pas. Ie sçauois bien que ce
n'est pas d'auiourd'huy que vous nous portez
de la rancune, baillez-moy de l'argent pour
auoir de la filasse.

Matee.

Tu n'as que faire d'aller aux halles pour a-
uoir des responces, si tu m'eschauffes la teste
ie t'iray dourder a coups de poing.　Allons,
appellez vos chiens, que l'on emporte le nid
aussi bien que les oyseaux.

Alizon.

I'engresse de coups de poing, i'en engresse.

Thesaurus.

Il est temps de fermer l'estable quand les
cheuaux sont sortis, toutes-fois il ne faut pas
ietter le manche apres la coignée.　On dit qui
croit sa femme & son curé, est en danger d'e-
stre damné, mais quelques-fois les fols & les
enfans prophetizent.

Matee.

Chat eschaudé craint l'eau froide, ce n'est
pas tout de prescher, il faut faire la queste.
Vous ne vous remuez non plus qu'vne espou-

fée qu'on atourne, n'y qu'vne poule qui couue

Thesaurus.

Patientia vincit omnia, Paris la grand ville ne fut pas faicte en vn iour. *Macee.*

Vous estes de Lagny, vous n'auez pas haste. Il faut battre le fer tandis qu'il est chaud , & les suiure à la piste afin de les trouuer entre la haye & le bled.

Thesaurus.

Ils auront sonné la retraitte & tiré de long, apres auoir fait ceste caualde ils se feront mis à couuert de peur de la pluye, craignant qu'on ne leur donnast du croc en iambe , il ne faut rien precipiter car il faut premierement faire vn procés verbal au despens de qui il appartiendra , & la iustice qui leur monstrera leur bec iaune, selon les vs & coustumes en tel cas requis & accoustumé, pour ne rien faire à l'estourdy qui nous puisse cuire , ils peuuent leur asseurer que ie brusleray mes liures , ie perdray tout mon credit, ou i'en auray ma raison. Cependant allons voir si nostre maison est encore en sa place. Adieu sias sire Bernard.

Bertand.

Dieu vous doint bonne encôtre Iean, ie prie Dieu qu'il vous console & vous donne à soupper vne bonne saule. Pour moy ie m'en vais dans ma boutique tirer le diable par la queuë.

SCENE VII.

Lidias, Florinde, Alaigre, Philippin.
Lidias.

ET bien ma fille nous leur en auons bien baillé d'vne.

Philippin.

Et moy fin de vous prédre puis qu'on ne vouloit par vous donner à moy. Au reste vous ne vous en repentirez ny tost ny tard, ie suis de ceux qui bien ayment & tard oublient Ie vous le iure par tous les dieux ensemble, apres cela n'y a plus rien, que ie vous feray plus fidele que le bon chien n'est à son maistre & que ie vous cheriray plus que mes petits boyaux, & vous conserueray comme la prunelle de mon œil, soyés en aussi asseure cóme il n'y a qu'vn Soleil au ciel, si ie me pariure iamais, ie veux estre reduit en poudre tout presentement.

Alaigre.

Il le faut croire il n'en voudroit pas iurer. Ce qu'il nous dit est aussi vray comme il neige boudin.

Florinde.

Ie vous crois comme vn oracle, & vous seriez vn vray barbare & plus traistre que Iudas si vous faisiez autrement. Si "eusse

v

en euſſiez voulu abuſer, ie ne vous euſſe pas
tant donné de pied ſur moy ; mais parlons vn
peu de noſtre leuee de bouclier, nos gens ſont
bien camus.

Alizon.

Mon maiſtre, ils ſont auſſi eſtonnés que vous
feriez s'il vous venoit des cornes à la teſte.

Lidias.

Taiſez vous Alaigre, vous eſtes plus ſot qu
vous n'eſtes grand , & plus fol qu'vn ieun
chien , ſi vous faictes le compagnon ie vous
donneray de la baſtille.

Philippin.

Il eſt vray, Alaigre, tu fais touſiours des com-
paritudes & ſimilaiſons qui n'appartiennent
qu'a ſoy. Il faut qu'vn ſeruiteur ne ſe iouë à
ſon maiſtre non plus qu'au feu, tu ne ſcais pas
ton pain manger fais comme moy qui va tout
rondement en beſongne, & apprens que pour
bien ſeruir & loyal eſtre , de bien ſeruir on
deuient maiſtre. *Alaigre.*

Le gros nigaut, il eſt auſſi fin qu'vne dague de
plomb, & ſi le voyez vous , il ſe quarre comme
vn poux ſur vne galle, tu t'amuſe à ſiffler, tu
ne ſeras pas preuoſt des marchands.

Lidias.

Taiſez vous enfás, vous auez trop de caqui
vous n'aurés pas ma toille : mais viença Phi-

lippin, tu en as bien donné à noſtre Docteur
& la femme auec ta feinte, ceſt iuſtemét leur
auoir donné d'vne veſſie par le nez.

Philippin.

Ils peuuent bien iouer au ieu de i'en tenons,
ie croy qu'ils ne nous promettent pas poire
molle: i'ay bien fait croire aux voiſins que des
veſſies ſont des lanternes : mordiable ils
croyent maintenant qu'il n'y a plus de philippin pour vn double. Ils ſont bien du guet,
mort non pas de ma vie, la veſſie pleine de
ſang a bien ioué ſon ieu, quãt Alaigre la per-
cée au milieu de mon vêtre: mais s'il euſt pris
Gautier pour garguille i'en aurois belle ver-
daſſe.

Alaigre.

Il euſt fallu dire febé, pour qui eſt-ce ic'euſt
eſté pour toy.

Philippin.

Là la mon pauure garçon, qui bien fait bien
trouué, & qui bien fera bien trouuera.

Alaigre.

Ou l'eſcriture mentira.

Florinde.

Vn bien fait n'eſt iamais perdu. Tout vient
à point qui peut attendre Mon cher Lidias ſe
mangeroit pluſtoſt le bras iuſques au coude
quand on luy fait plaiſir grãd comme la main,
qu'il n'en rendiſt long comme le bras.

Lidias.

Philippin, tu peux t'asseurer de ce que te dit ma Florinde comme si cela estoit, autāt vaudroit que tous les notaires y eussent passé, ce que nous te disons n'est pas de l'eau beniste de Cour. *Alaigre.*

Philippin, autant de frais que de salé, de ce qu'on promet n'est pas perdu.

Philippin.

Vous n'auez qu'à cōmander, ie me mettrois en quatre & ferois de la fausse monnoye pour vous, ie prendrois la Lune auec les dents, ie ferois de necessité vertu pour vostre seruice. Ie vous ayme mieux tous deux qu'vne bergere ne fait vn nid de tourterelle, à cause de luy pour l'amour d'elle. Morgoine ie suis vn homme qui n'est pas de bois, & qui scait rendre à Cesar ce qui est à Cesar. Ie fais cas des hommes de qualité plus que d'vne pomme pourrie & que d'vn chien dans vn ieu de quille.

Alaigre.

Tu fais des comparaisons bien saugrenuë, & si tu les enfilles comme crottes de cheures. Il te faudroit vn petit bout de chādelle pour t'esclairer à trouuer tout ce que tu veux dire, ou il n'y a ny bon enuers ny bō endroict. Il vaut mieux se taire que de mal parler, tu es bienheureux d'estre fait, on n'ē fait plus de si sots.

Philippin.

Oye, il femble à t'entendre que ie fois vne
huiftre en efcaille ou quelque fot qui parle à
bricq & à bracq, aga à mocqueur la mocque,
à boffu la boffe, & à tortu la torfe: tu eft vn
beau frelempier, c'eft bien a toy que i'en voudrois rendré compte : ie crois que tu as fait
ton cours a Afniere, c'eft là ou tu as laiffé
manger ton pain à l'afne, c'eft là ou tu asappris
ces beaux pieds de mouches & ces beaux y
Gregeois: tu es vn fçauant Preftre, tu as mangé
ton breuiere. Aga tu n'eft qu'vn fot, tu feras
marié au village. Il n'y a que trois iours que
tu es forty de l'hofpital, & tu veux faire des
comparaifons auec les gueux: Si tu eftois auffi
mordant que tu es reprenãt, il n'yauroitcrotte
dans ces champs que tu n'allaffe fleurant.

Alaigre.

Mais gros boufetrippe, il me femble que vous
prenez bien du nort. Ie te côfeille de ne point
tant empiler fi tu ne veux que ie te donne cinq
& quatre la moitié de dixhuiĉt.

Philippin.

Ouye, ie te baillerois raffle de cinq & trente
en trois cartes. Si tu y auois feulement penfé ie
ferois de ton corps vn abreuuoir à mouche, &
te monftrerois bien que i'ay du fang aux ongles.

Alaigre.

Ie le croy, mais c'eſt d'auoir tué des poux.

Lidias.

La paille entre deux ſus, la paix à la maiſon: Ie n'aime pas le bruit ſi ie ne le fais, ie veux que vous ceſſiez vos riottes, & que vous ſoyez comme les deux doigts de la main. Alaigre vous faictes le Iean fichu laiſné, & vous vous amuſez à des coque ſi grües & des baliuernes. Ie veux que vous embraſſiez comme freres & que vous vous accordiez comme deux larrons en foire, & que vous ſoyez camarad comme cochons.

Alaigre.

Il eſt bien heureux qui eſt maiſtre, il eſt valet quand il veut.

Philippin.

Alaigre & Philippin.

Ie croy que tu as eſté au grenier ſans chandelle, tu as apporté de la veſſe pour du foin.

Alaigre.

Tu n'y entends rien : c'eſt que i'ay tué mon pourçeau, ie me ioue de la veſſie. Ho groſſe balourde, ne ſçais-tu pas que qui veut viure longuement il faut donner à ſon cul vent.

Philippin.

Ouy, mais pour viure honneſtement, il ne faut veſſir ſi puant. **Lidias.**

Accordez vos fluftes encor vn coup, & chan-
gés de notte, reuenons à noftre premiere chā-
fon que diroit-on en mon abféce, on me pre-
ftoit de belles charitez, au moins ie croy que
on n'oubliroit pas à me mettre le tapis,& à
mettre en auant que ie difois comme le renard des meures quand ie fis courir le bruit
que l'amour ne me mettroit plus dans le ventre, & que ie ne me fouciois ny des res ny des
tondus. Ie croy mon cœur, que cela fut caufe
qu'on ne nous ferroit plus tant la bride.

Florinde.

Ieftvray que voftre abfence faifoit parler,de
ous tous autrauers des choux. Mon pere en-
'autre ne m'en romproit plus la tefte, parce
u'il croyoit que toutes nos affections fuffent
fuanouyes,& que nous euffiós planté l'amour
ur reuerdir, Bref on ne fongeoit plus qu'a
ire& me donner à ce grand franc taupin de
pitaine qui me fuiuoit comme vn barbet:
ie ne m'en fuffe iamais defpeftré fans cefte
ntremine,de laquelle on ne fe doutoit non
lus que le Ciel euft deu tomber.

Philippin.

Philippin tombe.

On vous auoit mis aux pechez oubliez, on ne
it-non plus à vous que fi vous n'euffiez
efté né,& noftre docteur eftoit plus ai-

sequ'vn pourceau qui pisse dans du son, de ce
qu'on disoit que vous auiez plié bagage, car il
croyoit iamais n'estre despatrouillé de vous.
Il escarpinoit auec sa robbe troussee de peur
des crottes.   *Alaigre.*

Saute crapaut, voicy la pluye.

Philippin.

Mais il ne songe pas qui rit le Vendredy
pleure le Dimanche.

Alaigre.

Il rit assez qui rit le dernier.

Philippin.

Saimon, ie crois qu'il se gratte bien maintenant ou il ne luy demange pas. Il rit iaune
comme farine, & vous dit bien la patenostre
de singe, mais morgoine il ne vous tient pas,
ce n'est pas pour son nez mon cul. ny pour-ce
grand malotru de capitaine qui croyoit tenir Florinde comm vn pet à la main. Il peut
bien la serrer & dire qu'il ne tient rien, il a
beau s'en defripper il n'a qu'a s'en torcher le
bec.   *Alizon.*

C'est vn bon follot, le morceau luy passera
bien loin des costes.

Florinde.

Pour moy ie ne scay comme mon pere est
coueffé de cet aualleur de cherrete ferrée.
quelques vns disent qu'il est assez auenant,

mais pour moy ie le trouue plus sot qu'vn panier percé, plus effronté qu'vn page de cour, plus fantasque qu'vne mulle, meschant comme vn asne rouge, au reste plus poltron qu'vne poule, & menteur comme vn arracheur de dents.

Lidias.

Vous dites la bien des vers à sa louange.

Florinde.

Pour la mienne il l'at'elle qu'elle, & sur tout, il est delicat & blond comme vn pruneau relaué, & la bource il ne l'a pas trop bien ferrée de ce costé là, il est sec comme vn rebec, & plus plat qu'vne punaise.

Alaigre.

Et puis apres cela, allez vous y fourrer.

Philippin.

Elle dit vray, il est plus glorieux qu'vn pet, & ce drôlle là n'en feroit pas vn à moins de cinq sols, quand il rit les chiens se battent, il est quelquefois rebiffé côme la poule à gros Iean, & à cette heure là il faut estre grand Monsieur pour auoir vn pied de veau.

Lidias.

Vous le tenez bien au cul & aux chausses, les oreilles doiuent bien corner : mais c'est assez le drapper en son absence, laissons le la pour tel qu'il est

Alaigre.

S'il en veut d'auantage il n'a qu'à en aller chercher, s'il n'eſt content de cela qu'il prenne des cartes auſſi bien il eſt bon à iouer au berland, il à touſiours vn aze caché ſous ſon pourpoint. *Lidias.*

Ce n'eſt pas tout il ne faut pas demeurer icy planté comme des eſchalats, il faut faire gille pour trois mois, & ne point reuenir que nous n'ayons conſommé noſtre mariage, s'ils nous viennent chercher ſur noſtre paillé nous leur monſtrerōs qu'vn coq eſt fort ſur ſon fumier, & que chacun eſt maiſtre en ſa maiſon.

Alaigre.

Il faudra que ce croquant de capitaine ait de bonnes mitaines pour en approcher, il eſt fort mauuais il a battu ſon petit frere, ie n'ay pas peur qu'il luy prenne enuie de courir apres ſon eſteuf, car il y a plus de ſix mois qu'il a vē-du ſon cheual pour auoir de l'auoine, ſi bien que s'il eſt botifié c'eſt pour coucher à la ville pour picquer les boucs. Ie vous iure que ie n'ay pas la puce à l'oreille, & ne m'enleueray pas plus matin. *Philippin.*

La beſte a raiſon il la faut mettre à l'eſtable: mais parlons vn peu d'affaire, il faut deſgue-niller d'icy, il n'y fait pas ſi bon qu'a la cui-ſine quand le Soleil eſt couché il y bien des beſtes à l'ombre.

Alaigre parlant au violon.
Soufflez menéstrier l'espousée vient.

LA
COMEDIE
DE PROVERBES.

ACTE SECOND.
SCENE PREMIERE.

Le Capitaine Fierabras, Alizon, & le Docteur.
Le Capitaine.

PAuure docteur Thesaurus ie te plains bien mais ie n'ay rien à te donner, si tu n'auois la caboche bien faicte tu serois desia à Pampelune: tu as receu vn terrible reuers de fortune, tu as perdu le ioyau plus precieux de ta son sans l'auoir ioue, & le tout par vn tour e souplesse que ta fille t'a fait, ayant laissé rendre vn pain sur la fournee par vn qui ne eroit pas digne de seruir de gouiat à vn qui sentiroit trop heureux de me torcher les bottes. Ha Florinde qui en se *casa per amores malos dias y buenas noches*.Ouy ouy, Florinde tu l'esprouueras que qui se marie par amourette a pour vne bonne nuict beaucoup de mauuais iours,tu m'as bien baillé de la gabatine , & fait vn tour de femme apres m'auoir promis mons & vaux. *Abque de iamalt muger tegoraa y se la buena cofta: nada:*Toutesfois que disje Florinde, ie te fais tort de croyre que tu aye fait breche à ton honneur , tu es possible dans la gueule des loups, & en quelque part plus morte que viue, & toy aussi pauure pere plus triste qu'vn bônet de nuict sans coeffe, tu es plus coiols qu'vne chatte qui trouue ses petits chats morts , plus dolent qu'vne femme mal mariée, bref plus desolé que si tous tes parents estoient trespassez , il faut bien à cette heure que la constance te serue d'escorte & de bouclier. Ie sçay bien que c'est dans la necessité que les vrays amis se monstrent ou ils sont,c'est pourquoy ma lãgue aussi bien esguisée que mon espée , va dire & faire tout ensemble au docteur Thesaurus que ie suis roy des hommes le Phœnix des vaillans, que i'extermineray & mettray à iãbrebidaine tous ses ennemis , & que ie chiqueteray pour son seruice tout ce qui se rencontrera plus menu que chair à pasté, de l'abondance du cœur la bouche parle, a grands seigneurs peu

de paroles, moy qui suis plus vaillant que mon
espee ie le vais asseurer que pour vn amy l'autre veille. Me voicy proche de son hostel, hola ho.

Alizon.

Qui va ladré la?

Fierabras.

C'est le vaillant fierabras, General des Regimens de Tartarie, Moscouie, & autres.

Alizon.

Dites des regimens du port au foin, de Poüilly
& autres. Ha, ha, c'est donc vous, ce n'est
pas grand cas, attendez si vous voulez, ou bien
allez vous en a l'auare porte on y donne des
miches, tout beau ne rompez pas nostre porte
elle a cousté de l'argent.

Fierabras.

A tous seigneurs tous honneurs beste brute
voila bien nicqueter, c'est trop niueler, il
n'est pire sourd que celuy qui ne veut pas entendre, c'est le capitaine Fierabras & mas-
chefer, cela te suffise, ouure sans tant de ba-
bil & ne m'eschauffe pas la ceruelle que tu ne
t'en trouue mauuaise marchande, prens y
garde, & que ie ne t'enuoye a Mortaigne, ou a
Quancalle pescher des huittres.

Alizon.

Vos fieures quartaines à trois blács les deux,
tout beau encor vn coup de par Dieu ou de

par le diable. Dieu vous soit en ayde, puis qu'il le faut dire, vous faites plus de bruit qu'vn cent d'oyes & si vous estes tout seul.

Vous estes bien hasté & si personne ne vous presse. Monsieur, venez vistement parler au Capitaine Fierabras, il rompra tout si on ne le marie.

SCENE. II.

Fierabras, Thesaurus, Alison,

Fierabras,
Il entre en la maison du docteur.

Dieu soit ceans & moy dedans, & le diable chez les Moines.

Thesaurus.

Seigneur Capitaine à vous & aux vostre fussiez vous vn cent, encor vn coup en despit des enuieux. Il faut que ie vous embrasse bras dessons, & bras dessus, & bien quel bon vent vous meine.

Fierabras.

Les vents ne me meinent pas, car ie vay plus viste à pied qu'il ne font à cheual, quand il est question de vous voir, Eole n'escroque & n'emprunte que mon halaine pour souffler oreilles des hommes & des enfans, que

ie fuis la terreur de l'vniuers, l'honneur d'i-
celles, & lē maſſacreur du vautour qui m'a
rauy la proye que vous me gardiez.

Alizon.

On vous la gardoit dans vn petit pot à part.

Fierabras.

Et pour cela ie vous fuis venu dire qu'il vous
faut armer des armes de la patience, pour
moy ie me veux veſtir de celles de la vengeā-
ce contre ceux qui vous ont tolly & emble voſtre fille. Mes trouppes en bataille & le bruit
que ie feray, arme de pied en cap & iufques
aux dents, les eſpouuātera comme des eſtor-
neaux, ou bien leur donnera des aiſles aux talons, pour les faire reuenir plus viſte qu'vn
traict d'arbaleſte, vous ramener le threſor
qui ne peut eſtre eſtimé ny cogneu que par le
furieux & terrible Fierabras: quand i'appris
ceſte nouuelle i'en deuins ſi eſchauffé dans
mon harnois, que ie penſay perdre ceſte race
ou meſgnie d'archanbaut, plus il y en a moins
elle vaut, i'eſtois ſi boufi de colere que ie penſay creuer dans mes panneaux quand ie ſceus
qu'ils auoient gaigné les champs, ou Dieu me
damne.

Alizon.

Il en deuint ſi conſtipé, qu'il n'en pouuoit piſſer ny fienter.

Fierabras.

En fin iamais homme ne fut plus esboby que

moy, ny plus refolu de nous vanger tous deux
c'eſt pourquoy ie ſuis venu ſans dire ny qui a
perdu ny qui a gaigné, pour vous offrir l'or &
les richeſſes qui ne me mãquent non plus que
l'eau en la riuiere. Pour le courage, la valeur
& la force.　　　*Alizon.*

Il eſt fourny comme de fil & d'aiguille.

Fierabras.

Faites de moy comme des choux de voſtre
iardin, i'employeray le verd & lo ſec pour
vous, ie ne ſuis point de ces eſpeces de chiam
braye, qui n'ont que du caquet & qui n'ont
point de force qu'aux dents.

Ie t'ay bien monſtré où giſt le lieure, ie ſcay
bien ou il faut appliquer le courage que ie ſe-
ray paraiſtre comme le clocher ſur l'Egliſe,
quand il ſera temps ie les attaqueray d'eſtoc
& de taille, de cul & de pointe, de bec & de
griffe à meſchant meſchant & demy.

Theſaurus.

Quand a cela vous ne ſcauriez mieux dire ſi
vous ne recommencez, vous n'en parlez pas
comme vn clerc d'armes, mais comme vn
homme qui en a bien veu d'autres, ceux la ne
vous feroient pas veſſir de peur, comme dit
noſtre voiſin Iean Dadais, il n'eſt que d'auoir
du courage, car qui ſe fait brebis le loup le
mãge, vous n'en auez pas moins qu'vn Lyon.

Fierabras.

Ces brigands ces chercheurs de barbets &
de midy à quatorze heures, quels, qu'ils soient
sous la calotte du Ciel, fussent ils Antipodes
ou dans les entrailles de la terre, ils seront biẽ
cachez si ie ne les trouue. Ie leur monstreray
bien à tourner au bont : à qui se iouent-ils? ils
n'ont pas à faire à vn sacquin, ils verront de
quel bois ie me chauffe le veulent ou non, ils
passeront par mes pattes, ie leur feray sentir
ce que pese mon bras, ie les chastieray si bien
& si beau qu'on en entendera ny pleuuoir ny
venter quand ils seroient tous de feu & qu'ils
auroient la force de Sanson, & le courage de
Hercules, qu'ils seroient des Poliphemes, des
Archilles, des Hectors des Cirus, des Alexã-
dres, des Annibals, des Scipions, des Cesars,
des Pompees, des Rolands, des Rogers, des
Godefroy de Buillon, des Roberts le Diable,
des Geofroy à la grand dent, tous aussi grands
que les Gargantuas & des Briarees à cent bras,
vn seul des miens les tuëra comme des hane-
tous & ne dureront deuant moy non plus que
feu de paille.   *Alizon.*

Et qu'vne fraize dans la gueule d'vne truye.

Il y va du cul & de la teste comme vne cor-
neille qui abbat des noix. O le grand casseur
de raquette, le grand rompeur d'huis ouuerts,

le grand depuceleur de nourrice, il eſt vaillant, il a fait preuue de ſa valeur des armes
de Cain, de machoires, le voyez vous ce Capitaine plante bourde ?

Fierabras.

Seigneur docteur, ce que ie vous dis ne ſont
point des contes de la cicoigne.

Alizon.

Ce qu'il dit eſt vray cemme ie file, c'eſt vn
bon Gétil-homme, il eſt fils de peſcheur, noble de ligne.   ### Fierabras

Et vous le verrez plus toſt que plus-tard plus-
toſt auiourd'huy que demain ie les feray re-
noncer à la triomphe, & coucher du ceur ſur
le carreau : il en faut depeſtrer le monde, là
garde n'en vaut rien, car telles gens vallent
mieux en terre qu'é pré, ils ne font que traiſ-
ner leur lien, en attendant que ie me mette
ſur leur friperie, & que ie les iette ſi haut, que
la region du feu les reduira en cendre, en
moins d'vn tournemain.

Theſaurus,

Par Ciceron vous vallez mieux que voſtre
peſant d'or : car vous faites l'office d'vn vray
amy de venir ſans eſtre mandé, c'eſt eſtre venu comme tabourin à nopces, & faire en perſonne ce qu'vn autre feroit par Procureur,
mais pour ne point mettre ablatiuau tout envn

tas & ne rien confondre, il ne faut pas tant
faire de bruit, ce ne sont des abeilles, ou ne
les assemble pas au son du chauderon.

Alizon.

Ils sont bons cheuaux de trompette, ils ne
s'effrayent pas pour le bruict, tel menace qui
a bien peur. Maistre Gonin est mort le monde n'est plus grüe.   *Alaigre.*

L'on verra que deuant qu'il soit trois fois les
roys ie les mettray ô benigna.

Alizon.

Vous nous donnerez le Caresme bien haut,
le terme vaut l'argent, il n'y aura plus en ce
temps la ny beste ny gens.

Fierabras.

Le sang me monte au visage, il me boult dãs
le corps de ne pouuoir dés à present mettre la
griffe sur eux i'entre en cholere.

Alizon.

Qu'il tuëroit vn mercier pour vn peigne.
O le grand fendeur de naseaux.

Thesaurus.

Nesumetis domine.

Alizon.

Il est en colere, la lune est sur le bon bout.

Thesaurus.

Il ne faut pas que la colere vous emporte du
blanc au noir & du noir au blanc. Vous estes

trop chaut pour abreuuer, ce feroit tomber
defleure en chaut mal, il faut aller au deuant
par derriere, & vous conferuer comme vne
relique, nous auons affaire de vous plus d'vne
fois, il ne faut pas tout prendre de vollée, &
iouer à quitte ou a double, ce feroit trop ha-
zarder le paquet, en danger de tout perdre & tomber deCaribde en Scile c'eft à dire
qu'il faut aller doucemēt en besógne. Croyez
moy, & dites qu'vne befte vous ladit.

Fierabras.

Voftre confeil n'eft point mauuais, il y en à
de pires, il vaut mieux les laiffer fe venir prē-
dre au trébuchet, ils feront comme les pa-
pillons ils viendront d'eux mefmes fe brufler
a la chandelle. Ie leur veux tendre desfillets,
où ils fe viendront prendre cóme moigneaux
a la gluë, lors ie les traiteray comme enfans
de bonne maifon ie les efprouueray & eftril-
leray fur le ventre & par tout, & en attendāt
ie vous prie de dormir a la Françoife, & moy
ie veilleray a l'Efpagnolle.

Alizon.

Vous dites d'or, & fi n'auez pas le béc iaune
Allez dela & moy deça, & nous verrons q
en aura.

SCENE III.

Lidias. Florinde. Philippin. Alaigre.

Lidias.

EN fir chere Florinde , nous somme plus
heu eux que sages d'auoir cueilly la rose
parmy de si dangereuses espines, aussi est-ce
dās les plus grāds perils que l'on fait cognoi-
stre ce qu'on a dans le ventre. On dit bien
vray quand on dit qu'il ne faut pas vendre ia
bonne fortune, & que iamais honteux n'eut
belle amie, car qui ue s'auenture n'a ny cheual ny mulle. Ainsi les plus honteux le perdēt
mais pour rentrer de pique noire parlons de
nostre capitaine, ie luy ay bien passe la plume
par le bec , il a beau maintenant écouter s'il
pleut.

Florinde.

Il est vray que nous auons bien ioué nostre
roolle ? mais quand i'y songe, il estoit tout
ieune & ioyeux de croire se pouuoir mettre
en mes bonnes graces qui estoient à la lessiue
pour luy. Vrayment mes affections estoient
bien vouées a d'autres Saints, que ie suis heureuse mon cher Lidias, que ce grand abateur
lame lanternoit, il me sembloit que i'estois a
gehenne lors qu'il me rompoit les oreille de

fon caquet & cepédant le refpect que ie por-
tois a mon pere qui le fupportoit, me forçoit
de l'amadoüer & l'entretenir en abbois le bec
en l'eau. Il mafche bien a cefte heure fon
frein. Mais tirons pays cher Lidias, de peur
qu'il ne nous ioüe quelque tour.

Philippin.

En quoy auez vous peur; n'auez vous pas
monté fur l'Ours.   Lidias.

Il n'oferoit me regarder entre deux yeux,
& ne fçauez vous pas que ie fuis vn richard sãs
peur, & que ie ne crains ny loup ny lieures s'ils
ne vollent, ie ne le redoute ny mort ny vif,
c'eft vn habile homme apres godard, mais ie
fuis fort en impatience d'Alaigre que nous
auons enuoyé pourmener ; ur auoir des
chauffes, & efpióner en quels . mes voftre
pere & noftre Capitaine nous tiennent. Il y
aura apres demain trois iours qu'il eft party,
& il ne nous en apportera vét ny nouuelles,
fans doute il fe fera amufé à fiffler la roftie le
coquin, il ne fonge pas plus loin que fon nez.

Philippin.

Mais ce pendant la gueule me rabafte, il
femble à mó ventre que le diable a emporté
mes dents.   Florinde.

Cela eft eftrãge que tu fois toufiours fur ton
ventre.

Philippin.

Vous m'excuserez ie suis sur mes deux pieds
comme vne oye. il y a pour le moins trois heures que ie masche a vuide & que i'aualle le suc
de nos bribes que ie tiens dans le sac, il n'est
pas feste au Palais mes dents veulent trauailler.　Florinde.

Ie crois que tu ne sçaurois estre vn moment
sans auoir le morceau au bec.

Lidias.

Philippin prends courage, tu verras tantost
qu'il fait bon porter le fardeau d'Esope, ou
s'en descharger par les chemins.

philippin.

Ie sçay bien qu'il n'est rien tel que de faire
prouision de gueule, ce n'est pas d'auiour-
d'huy que ie l'ay ouy dire que Beati garnitis,
vaut mieux que Beatiquorum. Mais mordiable cela n'empesche pas que ie n'aye des-
quenouilles dans le ventre, mes boiaux crient
vengeance.

Lidias.

Attends qu'alaigre soit venu de battre se-
melle.

Philippin.

Ie scay bien que si alaigre ne vient bien tost ie
le passeray maistre. pour vn Moine on ne
laisse d'en faire vn abbé.

Lidias.

Quand on parle du loup on en voit la queuë.

Florinde.

Le voila comme si on l'auoit mandé, il vient de loin il est bien eschauffé, il luy faut vne chemise blanche.

Lidias

Il a fort bon courage, mais les iambes luy faillent. ### Philippin.

Monsieur souflez luy au cul l'haleine luy faut parlez haut visage, que dit-on de la guerre le charbon sera-il cher.

Lidias.

Et bien Alaigre, le docteur est-il aussi mauuais qu'il a promis à son Capitaine ie croy qu'ils ne feront que de l'eau encore sera elle toute claire.

Alaigre.

Tout est calme ils ont callé leurs voilles pour ne scauoir pas de quel costé vous auez pris vos brisées, ny quelles gens leur auoient ioué ceste trousse, tant y a qu'ils ont mis leur procedure au croc, en attendant de faire haro sur vous & sur vostre beste, mon Maistre.

Lydias.

Vous faictes le sot, Alaigre, mais ie vous bailleray ce que vous ne mangerez pas.

Alaigre.

Vous m'obligerez beaucoup plus de me dô-

ner ce que ie maugeray bien , car ie suis affa-
me comme vn loup.

Lidias.

Ie sçay bien que tu es éffamé comme vn chas-
seur qui n'a rien pris , mais tandis que Philippin estendra nos bribes sur l'herbe , dis-
moy vn peu si tu as veu ce mãgeur de petits enfans.   *Alaigre.*

Si ie l'ay, veu, vrayement ie vous en respõds
& si i'ay eu belle escapée , car i'ay pensé estre
gratté depuis le miserere iusques a vitulos.
I'ay rencontré ce croquant de Capitaine à
grands ressorts au milieu de la ruë comme vne
statuë de marbre , il ne remuoit ny pieds ny
mains , non plus qu'vne souche , tenant sa gra-
uite comme vn asne qu'on estrille, ou comme
vn Espagnol à qui on donne le chiquin i'allois
mon grand chemin sans songer ny a Pierre,
ny a Gautier , comme i'ay passé aupres de lui
plus malicieux qu'vn vieux singe il ma tandu
sa grand iambe d'allouette & m'a fait donner
du nez en terre , puis me regardant comme
vn chien qui emporte vne os , il me dit , bon ,
bon , tu as le nez cassé , ie ne demandois pas
mieux , en fin moy quand i'ay esté releué aussi-
tost qu'vn bilboquet , ie luy ai dit, Roy Iean, on
te frit des œufs, & voiant qu'il me faisoit la
mouë ie l'ay appellé gros bec il a mãgé la pes-

che, chien de filoux, preneur de tabac, & luy
ay demandé en demandãt pourquoy il m'é-
pefchoit de paffer mon chemin. Il m'a ref-
pondu fe quarrant comme vn pourceau de
trois blancs qui a mangé pour vn carolus de
fon, qui n'en vouloit rendre côte a perfonne
& qu'il eftoit fur le paué du roy : mais moy qui
me voulois fonder en raifon côme vne pierre
au Soleil, ie luy ay dit tout cela bredit brelat,
chofe & autre les plus belles du monde, & en
fin qu'il ne deuoit faire a autrui que ce qu'il
vouloit qu'on luy fift. La deffus il m'a appellé
Grimaut le pere au diable. Il m'a menacé de
me gratter ou il ne me demangeoit pas, de
me donner mornifle, & que fi ie ne m'efloignois
de luy plus d'vne lieuë a la ronde, il netoie-
roit bien ma cuifine. Vraiement vraiement, il
n'a pas eu affaire a maupiteux, ie luy ay bien
riué fon clou, & luy ay bien monfté que quãd
il penfe fon cheual ils font deux beftes enfemble, car ie luy ay dit bien & beau qu'il n'eftoit
qu'vn gros veau, que i'eftois à vn vifage qui
n'eftoit pas de paille, qu'il luy faifoit bien la
nique & luy gardoit quelque chofe de bon:
que s'il prenoit ma querelle il luy feroit rentrer fes paroles cent pieds dans le ventre, &
luy feroit petter le boudin, & luy donneroit
vne prebende dans l'Abbaye de Vatan.

Alors vous entendant nommer il a plus vo-
my d'iniures contre vous. qu'il ne passe de
gouttes d'eau sous vn moulin, & vous a donné
a plus de diables qu'il n'y a de pommes en
Normandie, *Lidias.*

Ce qu'il dit & rien c'est tout vn, ie ne m'en
mets pas d'auantage en peine, poursuis ta
pointe seulement.

Alaigre.

Il ne m'en dit ny plus ni moins, car quand
ie le vis si en fougue ie le plantay la, & m'en
suis venu le grand galop la gueule enfarinée.

Philippin.

Voila monsieur venu trempez lui sa soupe,
seruez Godard sa fême est en couche. Or ne
laisse pas d'aller disner d'ou tu viens, car la
marmitte est renuersee, il ni a ni fric ni frac,
& quãd il y en auroit ce n'est pas pour toy que
le four chauffe.

Alaigre.

Ouaigros Marcadan, ce n'est ni de tonpain
ni de ta chair, tu fais plus l'empesche qu'vne
poule à trois poussins, tu es vn grand iazeur,
tu n'as que la baue i'en ferois plus en vn tour
de main que tu n'ê gasterois en quinze iours:
tu t'y prends d'vne belle desguaines.

Philippin.

O tu es nourri de broüet d'andoüille, tu sçais

tout, ie voudrois bien voir de ton eau dans vn
coquemard, tu es vn beau cuiſinier de hedin,
tu as empoiſonné le diable : tu entens la cui-
ſine comme a faire vn coffre ou ramer des
choux ie penſe que tu ferois auſſi bien vn pot
qu'vne poiſle.

Alaigre.

Tu en diras tant que ie te donneray du bois
pour porter à la cuiſine.

Philippin.

Ho ho tu as la teſte bien pres du bonnet, ce
n'eſt que pour rire & tu prens la cheure, ſi tu
ſcauois combien ie t'aime depuis vn quart
d'heure tu en ferois eſtonné. Aga ie t'aime
mieux que le cœur de mon ventre, tu es vn
bon garçon, tu as la iambe iuſque au talon,&
le bras iuſques au coude, tu es de bonne amitié tu as le viſage long.   *Alaigre.*

Tu ſcais bien qu'vn chié hargneux a touſiours
les oreilles deſchirées.

Florinde.

Cela eſt eſtrange que ces garçons ont t
ſiours quelque maille à departir, Philippin
prens garde qu'Alaigre ne t'eſtrille, car il en
mangeroit deux comme toy.

Lidias.

S'il y auoit ſongé il ne mangeroit iamais pain.

Florinde.

Ie crois que pour le cognoiftre il faut qu'ils mangent vn minot de fel en femble, mais fans plus de difcours, enfans, taifez vous ou dites que vous n'eu ferez rien, & ne nous rompez plus la tefte, elle nous fait defia affez mal de vos caquets.

Alaigre.

Si vous eftes malade prenez du vin, auffi mal de tefte veut repaiftre. De plus la medecine n'eft point fotte.

Lidias.

Il dit vray le lourdaut, auffi bien pour les accorder il faut qu'ils boiuent enfemble.

Florinde.

Vous les gratiez bien où il leur demange.

Lidias.

Ma Florinde, fix & vous font fept.

Alaigre.

Allons à la fouppe goulu, flacquions nous là & daubons des machoires.

Lidias.

Garçons foit fait ainfi qu'il eft requis.

Philippin.

De quatre chofes Dieu nous garde,
D'vne femme qui fe forde,
D'vn vallet qui fe regarde;
De bœuf falé fans mouftarde,
Et de petit difner qui trop tarde.

Alaigre.

Le diable s'en

Philippin.

C'eſt bien employé, Alaigre tu es trop goulu,
en penſant manger du bœuf tu as mordu du
veau.

Alaigre

Et toy tu ioüe deſia des balligoüinſſes comme
vn ſinge qui deſmemb e dés eſcreuilſes,
Morbleu quel aualleur de pois gris, vraymêt
il n'oublie les quatre doigts & le poulce, quel
eſtropiat des machoires.

Philippin.

Aga t'eſtonne tu de ce la ? les mains ſont faictes
deuant les couſteaux. Ho dame ie ne ſuis
pas vn enfant, ie ne me repais pas d'vne fraize
bonne ſont les vertes.

Alaigre.

Bonnes ſont les meures.

Philippin.

Bonnes ſont les noires   **Alaigre.**
Bonnes ſont les blanches.

Philippin

Mais que mange tu la en ton ſac, grand gueule,
ie crois que tu as le goſier paué.

Alaigre.

Tu mets ton nez par tout, tu en as bien affaire,
rien, rien, ne te faſche pas, choiſis quelque
niais de ſologne, tu te trompe à profit, ie ne te
trouue point tant ſot : tu aime mieux deux
œufs qu'vne prune.

Philippin

Tu es bien deſſalé, tu ſcais bien qui choiſi & prend le pire eſt maudi de l'Euangile.

Alaigre.

Philippin, laiſſons la liurongnerie & parlons de boire. Ie te prie hauſſons le gobelet, nous ne boirous iamais ſi ieunes, ie ſens bien que c'eſt trop filler ſans mouiller.

Philippin.

Du temps du roy Guillemot on ne parloit que de boire maintenant on n'en dit mot que t'en ſemble mon compere.

Lidias.

Ma cherre florinde, vous eſtes icy traittée á la fourche mais imaginez vous que vous eſtes à la guerre.

Florinde.

Vne pomme mangée auec contentement, vaut mieux qu'vne perdrix dans le tourment. Pour moy ie treuue qu'il n'eſt feſtin que de gueux quand toutes les bribes ſont ramaſſées.

Lidias.

Il ne fut iamais ſi bon temps que quand le feu roy guillot viuoit, on metroit les pot, ſur la table, on ne ſeruoit point au buffet.

Florinde.

A l'occaſion on prend ce qui vient á l'ameçon, tout cecy ne m'eſt point á rebours. *Lidias*

Quand vous n'auriez point d'appetit, ces garçons vous en peuuent donner en les regardant : mais goustez vn peu de cela.

Folrinde.

Les premiers morceaux nuisent aux derniers

Alaigre.

Allons à cestuy la tu prends de la peine tout
plein.

Philippin.

Comme diable tu hausse le temps :

Alaigre.

Cela passe doux comme laict : mais ie pense
que tu es fils de tonnelier tu as vne belle aual-
loire, & bien qu'en dis tu ; ce vin la seroit-il
bon à faire des custodes ; il est rouge & verd :
c'est du vin à deux oreilles, ou du vin de bre-
zigny, qui fait dancer les cheures.

Philippin

Ie croy qu'il est parent du roulier d'Orleans
comme Ginguet, toutesfois à six & a sept tou
passe par vn fossé.

Alaigre.

Il fait bon estre bon ouurier on met toutes
pierres en œuure.

Florinde.

Voyes vn peu ces garçons ils se donnent
bien au cœur ioye   *Lidias.*

Ie m'en fierois bien à eux ils ont la mine de

Di

ne manger pas tout leur bien, ils en boiront
vne partie. Allons à ce reste.

Philippin.

Ie me porte mieux que tantost, il me sembloit que le Soleil me luisoit dans le ventre,
il y a longtemps que ie ne me suis donné vne
telle carrelure de globe.

Alaigre.

Ma foy cela m'est venu comme vn os dans
la geule d'vn chien, mais tu ressemble les pro-
cureurs, tu veux releuer mangerie. Courage,
courage, si tu meurs à la table ie veux mourir
à tes pieds, beuuons entirelarigot.

Philippin.

Il vaut autant se dépouiller icy qu'en la ta-
uerne.   *Alaigre chante.*

Andouilles de Troyes, saucissons de Boulon-
gne, marrons de Lyon, vin muscat de Fron-
tignac, figues de Marseille, cabats d'auignon,
sont des mets pour les bons compagnons.

Philippin

O qu'il est grauissant, il chante comme vne
serene du pré aux Clercs, & fredonne comme
le cul d'vn mulet. Allons masse à qui dit.

Alaigre.

Taupe, taupe morbleu. ie vaut mieux escu
que ie ne vallois maille.

Philippin.

O ie suis roy de Potiers il ne faut plusque me couronner d'vne chauffette, qu'en dis-tu; il ne nous faut plus que des choux si nous auions de la graffe. *il rote.*

Alaigre.

N'oubliez pas la confrairie des pourceaux, en voicy le Marguillier.

philippin.

Vn estron pour le questeur. Morgoy mevoy-la plein comme vn œuf, & ie croyois iamais ne me souler, mais i'ay les yeux plus grands que la pance. *Alaigres*

Pour moy i'ay beu *tanquam sponsus*, i'en ay iusques au goulot, que sert-il de boire si on ne s'en sent. Philippin nous voila en bon estat, nous auons bien beu & mangé pendu soit-il qui l'a gaigné.

Lidias.

Parlez haut enfans, vous ressemblez les sol-dats de Brichanteau, vous mangeriez iour & nuict si on vous laissoit faire. ie suis d'aduis que nous nous reposions icy a l'ombre de peur des mouches.

philippin.

I'ay faict comme les bons cheuaux, ie me suis eschauffé en mangeant.

Florinde.

Ie commence à auoir de la poudre aux yeux,

le petit bon homme me prend.

Lidias.

La chaleur nous conuient mettre casaquin bas

Alaigre.

'Ie suis fort aisé à nourir quand ie suis saoul
ie ne demande qu'a dormir, c'est vn saut que
i'aime bien à faire de la table au lict. Ie pense
bien dormir en repos en quittant mes habits:
car il n'y a rien a perdre.

Philippin.

Fils de putain en qui tiendra. *Alaigre.*

Philippin, viens icy trauailler ta iournée est
payée.

Philippin.

Mais voicy vne espingle d'enfer, elle tient
comme tous les diables.

Alaigre.

Ce la fut ioué à loche, c'est que tu n'entends
pas le trantan, car tu est maladroit comme
cueillart. Il n'y a remede puis que vous auez
faict vn trou à la nuict, & que vous auez emporté le chat Madamoiselle, il faut prendre
le temps comme il vient.

Floriade.

Cela vous plaist à dire masque, tout cela est
bien, nous voila des habilez le mieux du monde : ça iouons vn peu à la cleine mucette.

Alaigre.

Teste bleu que voila vn ioly rappeau de cocu
ie n'aurois non plus pitié d'elle qu'vn Aduo-
cat d'vn escu,

Philippin.

SCENE IV.

Les quatre Boesmiens, Le Coesre, ne vieille Sa fille
& le Gagou.

Le Coesre.

ET bien n'entendsie pas à pincer sans riret
Il n'appartient qu'a moy de faire rafle
en trois coups, vous n'y allez que d'vne fesse,
vous craignez la touche premier que d'auoir
mis la griffe. C'est lors que l'on est nanty qu'il
faut craindre la harpe, comme a ceste heure
que nous auons attrimé au passeligourt & fait
vne bonne griuelée, il faut le pelé, gaigner le
haut, & mettre ses quilles à son col.

La vieille.

Par ma nenda il faut promptement nous
oster de dessous les pattes des chiens courans
du Bourreau, de peur que le brimort ne nous
chasse les mouches de dessus les espaules au
cul d'vne charette, & qu'il ne nous donne le
marques de la ville de peur de nous perdre

faiſant la proceſſion par les Carrefours, ſi nous
pouuons trouuer d'autre lange pour nous
couurir nous aurions bien le vent en poupe.

La fille.

Sainĉte Migorce nous ſommes nées coiffees,
il ne faut plus que des allouettes roſties nous
tomber au bec, aga, aga mamie voicy du monde ſous ces arbres qui ioue à la ronfle, qui ont
quitté leurs vollans auec leurs habits de peur
d'auoir trop chaud, il les faut attrimer & dire grand mercy iuſques au rendre, qui ſera
la ſemaine aux trois Ieudis, trois iours apres iamais

Cagou.

Que chaſcun face comme moy, le plus grand
fol commence le premier, voicy qui me vient
mieux que bien, ce Georget eſt comme ſi ie
l'auois commandé.

La vieille.

Il faut que ie laiſſe ma reſte & que ie me ſer-
ue de cecy ſans prendre ma meſure.

La fille.

I'ay fait que feray-je.

le Coëſre.

Il ne faut pas icy ſe mirer dans ces plumes,
eſchapons preſtement, & perdons la veuë du
clocher. Il faut trouuer ſes quilles & ſes troc-
tains de peur d'eſtre pris du gallicot, laiſſons
nos volans & le reſte de nos habits à ces pau-

ures diables à qui on donnera la faute fi on les trouue auec la robbe du chat, ils n'auroiết pas fi bon marché de nous, fi la peur que i'ay d'eftre pris ne m'empefchoit, il les faudroit rendre nuds comme la main.

La vieille.

Allons allons qui trop embraſſe mal eſtreint la trop grande conuoitiſe rompt le ſac.

Le agou.

Maudit ſoit le dernier , ſauuons nous le Preuoſt nous cherche.

❧❧❧❧❧❧❧❧❧❧❧❧❧❧❧❧❧❧

SCENE IV.

Lidias , Alaigre , Florinde Philippin.
Philippin.

Ho, ho il ne m'a pas enuoyé icy non plus qu'à table. Ie reſuois que ie voyois vn grãd petit homme rouſſeau qui auoit la barbe noire , qui portoit ſur ſon eſpaule ſon baſton, & eſtoit aſſis ſur vne groſſe pierre de bois, i'en auois ſi enuie de rire, ie ne ſçay que cela ſignifie , pour moy ie n'y adiouſte point de foy, car les ſonges ſont menſonges: mais quand i'y penſe tout de bon il ne fait guere meilleur icy qu'en vn coupe-gorge. Alaigre de bout, les vaches vont aux champs.

Alaigre.

Ie t'eniolle peigne de bouy, laisse reposer
mon humanité, si tu m'importunes d'auantage, tu me desroberas vn soufflet.

Philippin

O paresseux, quand ie te regarde ie ne vois
rien qui vaille, car tu ne vaut pas le debrider
apres boire présgarde a toy, telle vie telle fin,

Alaigre.

Tu as raison gros badin tu serois bien sur
le bord d'vn estang tu remonstrerois bien au
peuple, voila vn homme diligent pour en
parler, il se leue tous les iours à huict heures,
iour ou non.

Philippin

Ouie, aga, hé qu'elle heures penses tu qu'il soit

Alaigre.

Si ton nez estoit entre mes fesse tu trouve-
rois qu'il seroit entre vne & deux, mais il est
l'heure que les fils de putains vont à l'escolle,
prens ton sac & y va. Sans tant de discours,
donne moy vn peu ma iaquette, ie te seruiray
le iour des nopces.   *Philippin.*

Tien la voila pour chose qu'elle vaut.

Alaigre.

Tu as la berlusie croy que tu as esté au tres-
passement d'vn chat tu vois trouble.

Philippin.

Qu importe tu n'as pas changé ton cheual borgne àvn aueugle.   *Alaigre.*

Que diable eſt ce-cy , ne voicy que des frippes propres à iouer vne farce:voilà qui eſt riolé piolé comme la chandelle des rois, philippin à quel ieu iouons nous tout de bon, ou pour babutter.   *Philippin.*

Ie crois qu'on nous à fait grippe cheuille, Monſieur , Mouſieur leuez vous aux volleurs, on nous a couppé la gorge , aux volleurs, aux volleurs on nous a deſualiſez.

Lidias.

Qu'eſt-ce , qu'eſt-ce.

Philippin.

Ha nous ſomme volez depuis les pieds iuſ-ques à la teſte.

Lidias.

Te mocques tu de la barboüillée

Alaigre.

Sans raillerie nous ſommes pris pour dup-pes , il y a de l'ordure ou bout du balton , on nous à ietté le chat aux iambes , & voicy les habits de quelque Boëſmiens qui ont fait la picorée en prenant les noſtre pour ſe ſauuer ils ſe ſont couuerts d'vn ſac moüillé.

Lidias.

Oſtons nous du grand chemin , de peur de paier la folle enchere des fautes d'autruy.

Floride,

C'eſt fort bien dit, n'attendons pas la pluye
mettons nous à couuert.

Aiagre.

Mon maiſtre, à quelque choſe le malheur
eſt bon, voicy qui nous vient comme Mars en
Careſme nóspouuons nous deſguiſer en ceux
qui nous ont ioué ceſte trouſſe, ſes breluques
nous y ſeruiront, & contrefaiſant les Boeſ-
miens nous pourons facilement donner vne
caſlade au Docteur il eſt aſſez aiſe à enioller,
a vn beſoin on luy feroit croire que les nuées
ſont des poëſles d'airain, laiſſez me luy iouer
ceſte fourbe, ie gageray ma teſte à couper que
la gaieure d'vn fol, que i'en viendray à bout,
vous n'aurez qu'a faire comme au ieu del'abé
qu'a me ſuiure, ie vous veux premierement
apprendre cinq ou ſix mots d'vn langage que
iay appris à la Cour du grand Coeſre du temps
que i'eſtois marmy Matrois, cagoux poliſſons
caſſeur ce bannes, ie ne me mocque par ma
foy pas, ie veux qu'on me coupe la teſte ſi ie
ne vous mets d'accord auec le Docteur, comme le bois de quoy on fait les vieles.

Philippin

Ie penſois eſtre plus fin, mais au diable c'eſt
luy, ce garçon l'à a de l'eſprit, il à couché au
Cimetiere.

Alaigre.

Allons efcamorons viftement d'icy il me
femble qu'on me tient au cul & aux chauffes.

Philippin.

Le cul me fait lappe, lappe, lappe.

Florinde.

Si l'on venoit à nous courir nous n'efchappe-
rions pas pour courir, dépefchons de nous
fauuer.

Philippin.

Les dépefchez font pendus, drillons vifte.

Alaigre.

l'ay fi grand peur qu'on me boucheroit le
cul d'vne charretée de foin.

SCENE VI.

Fierabras.

FAut-il que l'inuincible Fierabras de qui
la valeur fait fendre les pierres foit maintenant au bout de fon roollet: faut-il qu'il
foit auffi chanceux que cygne fetu, qui fe tuë
& ne fait rien, quoy, faut-il que mes def-
feins pour eftre trop releuez, re femblent les

montagnes qui n'enfantent que des souris
faut-il dis je, que ie ne me puiſſe mouuoir
ſans que tout le monde en ſoit abbreuué, &
& que ſes petits auortons de lanuict, ſes Pig-
mées qui ont enleué ma Florinde ayent eſ-
uenté la mine que ie voulois faire iouer , &
que meſſtratagemes & vireuoltes n'aiét ſer-
ui qu'a les faire fuir comme trepillards, ou
comme vn renard deuant vn Lion. Mon excellence ſe fuſt bien abbaiſſee iuſques a courir apres eux :mais l'orpheure qui me faiſoit
des eſperons a pointe de diamants a fait vn
pas de clerc qui l'a fait cacher en vn trou de
ſouris,ou le diable ne le trouueroit pas.
D'ailleurs, pour m'acheuer de peindre les
courriers qui portoient par môts & par vaux
les tonnerres de ma renommée ont rauy des
cheuaux toutes les poſtes & les relais du môde,& tant y a que me voila attrapé: par la teſte du Sort & du deſtin ils ne me peuuét fuir,
cela m'eſt hoc, ie leur feray croquer le mar-
mouſet comme il faut. & à qui vous iouë tu;
quelque ſot mangeroit ſon frein, & n'én di-
roit mot.Ha que ſi i'yeuſſe eſté en chair & en
os comme ſainct Amadon , ils n'euſſêt pas eu
faute de paſſe temps, ils ne s'en fuſſêt pas re-
tournez ſans vin boire, ny ſans beſte vendre:
mais il faut que i'aille faire en ſorte de dé-
couurir le trantran.

LA COMEDIE

DE PROVERBES.

ACTE TROISIESME
& dernier.

SCENE PREMIERE.

ALAIGRE, PHILIPPIN, LIDIAS, ET FLORINDE, *desguisez en Boesmiens.*

Alaigre.

ME voila maintenant preparé comme vn bourreau qui est de feste, ie m'imagine qu'on ne nous prendroit pas tous quatre pour des enfans du bourlabe qui ne demandent qu'amour & simplesse, on no⁹

prendroit bien pluſtoſt pour des carabins de
la comette & pour des eſueillez qui ne cherche que chappechutte, vn tauernier nous re
garde droit a deux fois auant que nous donner quelque choſe, lauroit peur d'eſtre payé
en monnoye de ſinge: Florinde a bien la mi-
nede ſes ficheutes qui reſſemble les balances
d'vn boucher qui peſent toutes ſortes de
viandes, car la voila trouſſee comme vne
poire dechiot, mon maiſtre a mieux la mine
d'vn guetteur de chemis & d'vn eſcornifleur
de potence, que d'vn moulin a vent, & Philippin pour vne bourgeoiſe d'auberuilliers, à
qui les ioues paſſent le nez.

Philippin.

Tu as raiſon, toy tu reſſemble mieux à vn
parement de gibet qu'a vn quarteron de
pommes, mais n'importe l'habit ne fait pas
lemoine. Aga, queu ſi queu my? *erogamu ar-*
di nos.

Alaigre.

Voicy le bout du iugement les beſtes parlent
latin.

Lidias.

Florinde au conte de ces garçons, tu paſſe-
ras pour vne bourgeoiſe du Nil, ou d'Arger.

Florinde

Et toy Lidias, pour vn pelerin de la meque
vraye-

Vrayement Alaigre a plus d'esprit qu'vn ger-
fault, il me fait esperer que nous ne demeu-
rerons pas sur crouppe d'or.

Alaire.

Ouy, mais ce n'est pas tout que des choux il
faut sçauoir son rollet, ie doute fort que Phi
lippin ne sçache que le trou de bougie, là, là
il faut commencer son diction en faisant
chemin, Philippin diras-tu la bonne auenture sans rire.

Philippin.

Encore que ie ne manque pas d'ignorance,
ie serois bon a vendre vache foireuse, ie ne ris
point si ie ne veux, & si i'ay caquet bon bec la
poulle à ma tante.

Alaigre.

Diras tu bien ce que i'ay mis dans la cruche,
scais tu bien riuer le bis, ou rousquailler bi-
gorne. ### Philippin.

Iaspin, ie riue fremy comme pere & mere,
il ne me reste plus qu'a casser les hannes pour
me rendre plus fin que maistre Gonin.

Liaias.

Philippin est sçauant iusques aux dents, il a
mangé son breuiere.

Alaigre.

O diable c'est vn bon gars, il entend cela,
son pere en vendoit.

Lidias

Florinde puisque nous sômes auec les loups
il faut hurler & dire noſtre ratelée de ce iar-
gon ou ne s'en point meſler, & côme ilnous
viendra à la main, ſoit à tort ou à trauers, à
bis ou à blâc, n'importe, pouruen qu'on ne
nous entende non plus que le haut Allemâd.

Florinde.

Ie ne veux pas m'a muſer à ces bricolles de
diſcours, Ie diray ſeulement ce qui me viendra à la bouche, il faut laiſſer faire ces garçons ils entendent cela comme à faire vn
vieux coffre.

Philippin.

Morgoine ieſçay entrauer ſur le gourd, il
ne m'en faut que monſtrer, i'en dirois à ceſte
heure autant qu'il en pouroit venir. Allons
viſte, il me tarde que i'en deuide vne
migoufléeà cemalautru decapitaine, quiſera
toufiours flonquiere, & puis c'eſt tout, il faut
commêcer à tourner vers la vergne les pieds
me vermeillent que ie n'i ſois tout chauſſé &
tout veſtu.   *Alaigre.*

Il faut embier le pelé iuſte la tarque.

Florinde.

Philippin a gaigné mon eſprit, car il prend
la matiere à cœur, & s'ê acquitte mieux qu●
de plâter des choux, s'il eſtoit apprisil ſeroit

vray, il a pourtant esperance qu'auec du pain & du vin il fera quelque chose ou il ne pourra.

Alaigre.

Il a les genoux gros il profitera.

Philippm.

Vous y estes laissez vous y choir, vous auez frappé au but, Et la la, laissez faire George il est homme d'aage.

Alaigre.

Quand i'ay quelque chose en la teste ie ne l'ay pas au cul. Car quand ie m'y mets ie me demaine comme vn procureur qui se meurt.

Lidias.

Va tu ne peux mal faire, tu es le plus gentil de tous tes freres, & particulierement à ceste heure que tu dance tout seul. Suy moy lacquet ie te feray du bien.

Philippin.

Dame il faut que ie m'essaye pour mieux iouer mon personnage, afin qu'on n'y trouue rien à tondre.

Alaigre.

Nous approchons la vergne ou on nous prédra pour l'ambassade de Biaron, trois cens cheuaux & vne mule.

Philippin.

Qu'on nous prene pour qui on voudra pour-ueu qu'on ne nous grippe point au cul &

aux chausses : car si ie le croyois ie quitterois
la partie quand ie la deurois perdre. Mais
nous approchons la ville, il faut commencer
à se quarrer comme soldats qui regardent
leur capitaine.

Alaigre.

Tu vas semble comme vne truye qui va aux
vignes.

Philippin.

Ie vas comme ie veux, ce n'est rien du tien,
tu veux faire du rencontreur , mais tu rencontre comme vn chien qui a le nez cassé.
Dis tout ce que tu voudras, cela ne me cuit
ny ne me galle.

Lidias.

Or ça enfans où logerons nous.

Alaigre.

Sur mon dos il n'y a personne.

Lidias.

Ie songe qu'il y a vne maison destinée pour
ceux de nostre estoffe, il s'y faut aller plan-
ter , nous y ferons aussi bonne chere qu'a la
nopce.

Philippin.

C'est bien dit, mangeons tout : mais de quel
costé ietterons nous la plume au vent.

Lidias.

Du costé de l'autre costé.

Alaigre.

Si on vouloit prendre vn diable à la pipée,
on n'auroit qu'a mettre Philippin sur vne
branche de noyer.

SCENE II.

Fierabras, & le Docteur Thesaurus.

Fierabras.

SEigneur docteur, i'ay remué le ciel & la
terre depuis le rap de vostre fille, i'ay
fureté par tout sans pouuoir descouurir
leur cache, mais si ie puis vn iour tenir ces
maraux d'honneur, ie les ietteray cent mille lieuë par de là le bout du monde, i'anean-
tiray leur maudite engeance iusques à la mi-
liesme generation, comment s'adresser à
moy, qui puis d'vn seul clin d'œil faire tarir
toutes les mers, & qui du vent de ma parole
peux reduire les plus hautes montagnes du
monde en cendre. Ne sçauent ils pas que ie
porte sur mon front la terreur & la crainte.

Thesaurus.

Cerenitissime, seigneur Capitaine, il s'yfaut
prendre d'vn autre biais, moins de parole &
plus d'effect. Il y faut mettre ses cinq ceds de
nature pour les descouurir. Pour moy ie vē-
dray plustost iusques à ma derniere chemise.

Fierabras.

Si ie les puis tenir ie les secouëray bien. Mais
puis que nous auons resolu d'aller par toutes
sortes de chemins il viēt de sortir vn bon ex-
pedient du cabinet de mes plus rares concep-
tions, c'est qu'il est arriué de puis peu des
Boësmiens qui ne cedent riē à Nostradamus
ny à Iean petit parisien, en l'art de deuiner,
il les faut consulter, peut estre nous ēdirōt-
ils plus que nous n'en voudrons sçauoir.

Thesaurus.

Au diable zor, croyez moy vous serez sauué,
& autant pour le brodeur s'il n'est vray la
bourde est belle, ce ne sont que des charlatās.

Fierabras

Ie vous le donne pour le prix que ie l'ay eu.
Ie vous diray laissez le, il ne nous en coustera
rien, tout le monde y court comme au feu:
Escoutez, ie l'entēds ou les oreilles me cor-
nent.

Thesaurus

Ou bien nous verrons ce qu'ils sçauent faire,
Ma femme venez voir les diables.

SCENE III.

*Macee, Thesaurus, Florinde, Alaigre, Fierabras
Philippin, & Lidias.*

Les Boesmiens dancent, & la femme sort du logis

Macee.

M Amie les beaux Tabarins, qu'ils sont
iolis, ils dancent tout seuls.

Thesaurus

Parlez haut brunette mamie de bon cœur,
sçauez vous dire la bonne aduenture.

Florinde.

Ouy deà mon bon seigneur: mais donnemoy
donc la piece blanche, oubien ie ne vous diray rien. ### Thesaurus.

: Tres volontiers dit Panurge, mabonne a-
mie la voila plus viste que vous neme l'auez-
de mandée.

Florinde.

Vous auez de grãds pensemens dans le tin-
teuin mon bon seigneur, ie voy par ceste ligne de vie que vous aurez vne grande mala-
die ou les Medecins seporteront mieux qu

vous, toutes-fois apres auoir esté a la porte de Paradis vous en reuiendrez & viurez apres iusques a la mort.

Alizon.

Et bien n'emend elle pasbien le pair & la praize?

Florinde.

Il vous est arriué plusieurs choses : & vous en arriuera plusieurs autre. Vous auez perdu vostre fille la perronnelle que les gés d'armes ont enleué, c'estoit vn bon enfant.

Alaigre.

Morbleu qu'elle fait bien la chatemite.

Thesaurus.

Tarare pompon, vous estes des deuins de montmartre, vous de deuinez les festes quand elles sont venuës, mais poussez vostre cheua.

Florinde.

Vous recouurerez vostre fille si elle n'est perduë, Sçachez qu'elle est saine & entiere parla valeur d'vn bon gentil-homme qui la despatrouillée des mains de certains gouinfres qui luy vouloient rauir son honneur, ce bon Gentil-homme l'a si bien plantée, qu'elle viendra bien tost.

Alaigre.

Voila le goust de la noix ce plantement la.

Florinde.

Vous auez aussi vn gros garçon qui a le ventre la fuisse, & est meilleur que le bon pain.

Thesaurus.

Ie donne au diable si vous n'estes deuins,
vos peres estoient yures quand ils vous firent,
acheuez, acheuez.

Alaigre.

Voila vn capitaine qui se carre comme vn
sauetier qui n'a qu'vne forme.

Florinde,

Ces brigands luy vouloient faire passer le pas
si ce bon gentil-homme ne l'eust secouru tout
apoint, au reste ce n'est pas tout, ie preuois de
grands tintamarres dans vostre maison & que
tout ira cul par dessus teste, si vous ne mariez
vostre bonne fille a celuy qui l'a sauée par les
marais. Elle l'ayme & vous luy voulez mal
de mort, mais ne soyez doresnauant si cruel
qu'vn tigre il faut aimer sa geniture Faites
ce que ie vous dis & y aurez profit & honneur.

Matee.

Foin de l'honneur ma fille en est gastée, si iamais ie la tiens elle ne m'eschappera pas. Helas mon paumre enfant, ton absence me donne la mort au cœur.   *Thesaurus.*

Ma fille vous m'auez promis des merueilles si
cela arriue ie ne vous promets pas des neiges
d'entend.   *Florinde,*

Il ne tiendra qu'a vous de la reuoir, elle vous
est aussi asseurée que si elle estoit dans vostre

manche.   *Thesaurus.*

Ie vous asseure que desqu'elle sera venüe ie
feray tuer le veau gras   *Fierabras.*

-Il faut aussi par mesme chemin que ie sea-
che par où il m'en prendra. Tien ma grande
amie, regarde & ne me cele que ce que tu
ne scais pas.   *Philippin.*

Aueignez donc la croix mon bon Seigneur,
elle chasse celuy qui n'a point de blāc en l'œil.

Fierabras desgaine son espée.

Tien voila celle qui a fait desloger sãs trompette & fuir plus viste que la foudre dix millions d'hommes, dont le moindre eust battu
dos & ventre cent millions de telles gés que
tu dis.   *Alaigre.*

Quel emballeur! il est bouffi de vengeance
comme vn haran soret.   *Lidias.*

Helas: que tout ce qui reluit n'est pas or.

Philippin.

Cela n'a ny force ny vertu pour estre sur la
ligne de vie il faut vne croix marquée en vn
beau quart d'escu, pour ce que ce metail porte medecine.

Fierabras.

Tien cela ne me cha ut ie n'ay qu'a pescher
l'argét cent mille pistolles ne me furent iamais rien, ce n'est pas le fient de mes canes,
ou Dieu me damné.

Lidias

Il n'a que faire d'en iurer.

Alaigre.

Ie crois que dix eseus &luy ne passerent iamais par vne porte.

Philippin.

Mon bon seigneur, vous estes fils de bon pere &debonne mere, mais l'enfant ne vaut gueres. Vous ne métez iamais si vous ne parlez, &si vous auez la consciéce estroitre comme la manche d'vn cordelier, vous estes fort liberal, vous ne mágerez pas le diable que vous n'é donnassiez les cornes. Vous n'auez qu'vn vice, c'est que vous estes trop vaillát, que vous serez vn iour Capitaine d'vne grande reputation, on vous donnera le hausse col en greue vous estes aussi prudét que valeureux, quád vous auez esté battu vous né dites mot á personne. Vous faires des miracles en vos combats, céux que vous auez tuez se portétbien graces à Dieu vous serez beureux en vos réeontres comme de coustume, on vous battra plus pour rien qu'vn autre pour de l'argent. Vous serez beaucoup plus que le preux & vaillant Achille car il est mort par le talon; &les vostres vous sauueront la vie en faisant *vidi aquam* l'eau benisté de Pasques vous estes sans comparaison plus fort que Sanson, qui

tuoit les lions, leopars & autres bestes , car
vous en auez tué de toutes les cochonnée & de
plusieurs autres sans difficulté & à petit bruit,
de peur d'effrayer leur compagnons.

Alaigre.

Entiens tu petit bonnet,

Fierabras.

Barre- la ma bonne amie, rayez cela de sur
vos papiers, ie n'eus iamais intention d'attraper mes ennemis entapinois , car ie leur fais
la peur toute entiere , & puis le mal pour les
autres choses susdites c'est vne autre paire de
manche, ie m'en rapporte au parchemin qui
est plus fort que le papier. mais pousse &
acheue.

Philippin.

En aymant fort & ferme vous perdrez vostre
huile & vostre temps, car vous aymez vne fille
qui est amoureuse comme vn chardon, ceste
ligne est bonne tant que vous aurez bon pied
bon œil, qui plus n'en sçait plus n'en dit.

Fierabras.

Si ce que tu me viens de dire n'est vray le
néz te puisse choir, vray ou faux n'inporte , ie
t'en remercie comme de quelque chose de
meilleur , mais changeons vn peu de batterie
ma bonne mere, ceste fille est elle à vous , elle
ne vous reuient point mal,

Philippin.

Ouy mon bon seigneur, ie l'ay faite & fór-
gée.

Thesaurus.

Ie donne au diable s'elle ne le ressemble
comme vn moine à vn fagot, c'est vne Boes-
mienne elle est blanche comme farine.

Fierabras.

- Il faut que i'en die vn mot à ceste brunette
messieurs n'en soyez pas si ialoux, qu'vn
coquin de sa besasse.

Lidias.

Vous ne tenez rien mon camarade, vous
estes bien loing de vostre compte, ce n'est pas
chaussure à vostre pied.

Alaigre.

Seigneur Capitan, vous pouuez bien manger vostre potage à l'huile, il n'y a point de
chair pour vous.

Fierebras.

N'ayes point de peur ie ne la mangeray pas.

Alaigre.

On ne mange point de si grosses bestes.

Fierabras.

Ie ne luy diray que deux mots & puis la fin.

Alaigre.

Il vaut mieux le laisser faire que de gaster
tout.

Lidias.

Faisons bonne mine & mauuais ieu s'il
bransle ie le tuë.

La belle fille que ie vous voye entre deux
yeux, vous ressemblez toute cachée à vne
beauté qui m'a donné dans la veüe, cela fait
que ie vous cheris comme mon espee, outre
que vous estes plus mignonne, qu'vne petite
souue, plus droite qu'vn lion, & plus gétille
qu'vne poupée.

Florinde.

Monsieur vos belles paroles me closent la
bouche, ie n'eus iamais tache de beauté.

Fierabras.

Vos mespris vous seruent de loüange; mais
mon petit cœur, vne fille sans vn amy est vn
printemps sans roze.   *Florinde.*

Vostre cœur est dans le ventre d'vn veau,
ie suis vne saincte qui ne vous guariray iamais
de rien, addressez ailleurs vos offrandes.

Fierabras.

Ie te prie baize moy à la pincette.

Florinde

Voyez vous qu'il est gentil on ne baize plus
en ce temps icy, ie croy que vous estes fils de
boulanger vous aymez bien la baifure.

Fierabras.

Mignonne ie t'en prie, tu n'obligeras pas
vn ingrat.

Alaigre.

Il fe caline, mafoy il fe goberge.　*Lilias*
Courage, courage nos gens recullent.

Florinde,

Vous n'auez pas laué voftre bec, & puis vous
fçauez bië que baifer qui au cœur ne touche,
ne fait rië qu'afadir la bouche.　*Fierabras.*

Dieu me faune, fi tu me veux aymer ie te
tiendray plus heureufe que le poiffon dans
l'eau　*Florinde.*

Il faut cognoiftre auant que d'aimer à beau
demandeur beau refufeur.　*Fierabras.*

Et quoy tu m'es gracieufe comme vne poi-
gnée d'ortie, mais dy moy qu'as tu caché là.

Florinde.

Ie m'eftonne comme vous eftes fi gras que
vous auez tant d'affaires, laiffes cela ce n'eft
que du foin, font les beftes qui s'y amufent.

Fierabras.

N'en dites mot feulement, & me laiffes
faire on me cognois bien.　*Alaigre.*

Et que diable eftes vous fol de vous faire
tenir a quatre.

Philippis.

Vous troublez toute la fefte. *Florinde.*

Ie croy que vous eftes boucher vous aimez à
tafter la chair, & la la vous n'en acheterez
pas, laiffez moy feulement, voftre emie

n'eſt pas noire vrayement vous eſtes vn gentilperroquet. *Fierabras*.

Petite folle tu ne ſcais pas que les plus illuſtres Princeſſes de la terre tiennent à hôneur mes carreſſes, & briguent inceſſammét la poſſeſſion de la moindre de mes faueurs , ayme moy ie te rendray plus eſclatante que la pierre en l'or.

Florinde.

Ne ſcauez-vous pas qu'a lauer la teſte d'v n aſne on y perd ſon temps & ſa peine, & qu'on ne ſcauroit faire boire vn aſne s'il n'a ſoif, vous grattez la baſtille auec les ongles, & eſcriuez ſur l'eau , & ne lanternez pas d'auantage.

Fierabras.

Ha ventre , tu es plus farouche que n'eſt la biiche au bois, Dieu me ſauue tes perſecutions me mettét a l'extremité, ie ne ſcay plus de quel coſté me tourner, le beau parler n'eſcorche pas la langue aime moy deformais & me traicte en amy , tu ne me reſpód rien, qui ne dit mot conſent.

Florinde.

A ſotte demande , il ne faut point de reſponce.. *Fierabras*.

Ha ventre , ſi eſt - que ie t'auray mauuaiſe

naise souuiens-toy que ie te mettray à la raison.

Florinde.

Adieu panier vendanges sont faictes.

Alaigre.

Baisez moy au cul la paix est faites, & tirez
vos chausses Seigneur Croquand.

Fierabras.

Allons gueux de lostiere, bandés vos voiles
& vuidés d'icy autremét ie vous estropieray.

Alaigre.

Maraut, si ie m'estois mis en colere vn demy quart d'heure, ie mettrois tes oreilles à la
composte.

Fierabras.

Ha ventre coquin

Alaigre.

Allons en garde, à vaillant homme courte
espée, prend à la botte glissée

Fierabras.

Le pendart, il fait Iacques desloge, il a raison il vaut mieux estre plus poltron & viure
d'auantage.

Florinde.

Nous allons busquer fortune ailleurs.

Fierabras.

Adieu migonne, à la premiere veuë chose
nouuelle.

Alaigre.

Deſtallós, le marché paſſe, ſeruiteur viſáge.

Theſauru .

Et bien ſeigneur Capitan, des deuins que vous en ſemble.

Fierabras.

Ie ne ſcay que dire de peur qu'il n'arriúe, il m'ont conté mille lanternerie qui ne vallēt pas vn c'ou a ſouffict, qui ne le croira ne ſera pas damné.

Matee.

La là, il ne faut de rien iurer, pourquoy non? Ces tabarins qui ſōt des enchanteurs ne pour roiēt ils deuiner mon mary il ne faut pas reſ-ſembler Teſtu eſtre incredule, car en peu d'heure Dieu labeure.

The aurns

Ce n'eſt pas article de foy que ce qu'ils di-ſent: mais pourtant iene mettray pas aux pé-chez oubliez les aduertiſſements qu'ils m'ōt donné de ma fille, ie les ay bien mis en ma caboche ils ne ſont pas tombes à terre, mais vienne qui plante ie ſuis reſolu comme Bar-thole à tout ce qui m'arriuera.

Fierabras.

C'eſt à faire à des niais de croire ces gens là ils ſont deuins comme des vaches, ils deui-nent tout ce qu'ils voyent.

Theſaurus.

Si vous ne le voulés croire ne le croyés pas,
pour moy i'ayme mieux le croire que d'y
aller voir, c'est pourquoy ie m'en vais atté-
dre la grace de Dieu, il n'y a si bonne compagnie qui ne se separe à dieu scias, me re-
commande seigneur capitaine.

Fierabras.

Contre fortune il faut auoir bon cœur, vne
liure de malācolie n'acquite pas vn once de
debtes, pour vn perdu deux retrouuez, vn clou
chasse l'autre depuis que i'ay veu ceste petite
Boesmiēne la perte de Florinde ne me touche plus tant au cœur, changement de cor-
billon fait appetit d'oublie ma valeur abhor-
re trop la captiuité & le tien de ie ne scay
quels mariages que des testes sans ceruelles
ont inuentés ie me veux esbaudir auec ceste
petite barbouillée, i'aymerois mieux qu'elle
fust tōbee dans le lict que la gresle, ie la trou-
uerois plus facilemē qu'vne puce ie la veux
honorer iusques là, l'amour commence a me
bander les yeux pour me faire banqueroute
à l'honneur que ie pourrois pretendre dans
les caresses de quelques Sultane ou impera-
trice . qui s'estimeroit trop heureuse de me
bailler sa contrescarpe , ou Dieu me dāne.

SCENE IV.

Le Preuoſt & les deux Archers ,

Le Preuoſt.

IL y a tantoſt trois heures que ie trotte à
beau pied ſans lance , pour deſcouurir en
quel canton de la ville ſont certains eſgril-
lards de Boëſmiens coupeurs de bource & de
pendants, qui ſont venus ſans mander, hier ou
deuãthier que ie n'en mente, mais ie les em-
peſcheray bien de s'en retourner ſans dire a
Dieu : car ie ſuis chargé de les attraper, ou ie
ne pourray ie veux leur faire manger des
poires d'angouaſſes, & leur faire voir qu'il
vaut mieux tendre ſa main que le col, ils
ſcauront en peu de temps qu'en vaut l'aulne,
où ces gueux ſá ont mis les patres , ils n'ont
laiſſé que frire, ils ont mis au net vn pauure
Preſtre, qui n'auoit pas grand argent caché:
mais ſi peu qu'il auoit, ils l'ont eſcamotté, &
aggriffé auec leurs argots de chappõ: Bref ils
ſont merueilles des pieds de derriere. & chef
d'œuure de leurs mains. Par tout ou ils paſſe-
ront ils ſont le partage de Cormery, tout d'vn
coſté & rien de l'autre, ce ſont des marchãds

a tout prendre qui n'oublieront iamais leurs
mains si ie les puis tenir ie les mettray a telle
lessiue qu'ils voudroient auoir esté endormis,
pour quinze iours, si i'y faux croix de paille,
ils feront les cabriolles en l'air, ou les bras de
mes archers leur vaudront au besoin ; il faut
que i'attende lanuict pour les surprédre lors
qu'ils y songeront le moins comme renards a
la tasniere, on m'a dict qu'ils estoient four-
rez ou le bout de la ruë fait le coin, la
lune commence a monstrer ses cornes, c'est
pourquoy mes archers petillent d'impatience d'aller plumer l'oison.

Le 1. Archer.

Borteuille aura sa reuanche nos Gentils-
hommes a la courte espée trouueront tátost
plus mauuais qu'eux.

Le 2. Archer.

Mais que nous les tenions pieds & mains liez
nous les traicterons en chiés courtaux, & s'il
en arriue faute prenez vous en a moy.

Le Preuost.

Allons faire esguiser nos cousteaux.

SCENE V.

Fierabras, lesmuficiens, philippin, Alaigre, le Preuoſt, deux archers & lidias.

Fierabras

LEs amoureux ont touſiours vn œil aux champs & l'autre à la ville. Pour moy ie ne ſçay plus ſur quel pied dancer ny à quel ſainct me voüer, ny de quel bois faire fleche, Depuis la veüe de ceſte petite Egyptiénne, pour qui mes ſouſpirsſortent plus viſte qu'vn cliquet de moulin & auſſi furieuſemét qu'vn tonnerre; car quand ie reſmaſche les reſpóces dont elle m'a traitté, ie les trouueſi aigres que ne les puis aualler. Ie ne ſçay a qu'elle ſçauſſe manger ce poiſſon, ſi ce n'euſt éſte de la crainte qu'elle auoit que ces maraux ne fuſſent ialoux, & n'euſſe peurque ie leurcoupaſſe l'herbe ſous le pied; car autrement elle m'euſt ébraſsé la cuiſſe pour me teſmoigner moitié figues, moitié raiſins, que de bonou de vollee ribon, ribaine, qu'elle ſe fuſt fétie plus heureuſe, que de poſſeder tous les monarque de l'vniuers, d'eſtre plantée ſi auandans le baſtió de mon cœur; il faut quoy qu'il puiſſe arriuer, que ie luy faſſe entendre ce que i'ay fait à ſa loüange, mes amis alte, c'eſt icy ou il faut triompher.

Les muficiéns chantent

Silence par toute la terre,
Le voicy ce grand chef de guerre
couronné de lauriers:
Qui vient pour conter à fa belle,
Qu'il veut abandonner pour elle.
Tous fes affes guerriers.

Alaigre.

Par le hé . frere Dominicle, viét voir la mu-
ficle , aupres de noftre bouticle.

Philippin.

Ho, ho, c'eft quelque amoureux träfi, à mon
cœur qui foupire n'a pas ce qu'il defire.

la mufique

fa gloire ne court poin: de rifque
Puis qu'il a donné quinze & bifque
Atous les Potentats,
Ils n'adorent que ce brauache
Qui de l'ombre de fon panache
Conferue les eftats.

Philippin.

Sonnez comme il efcoute, Dame voila qui
eft beau & s'il n'eft pas cher, c'eft la mufique
de S. Innocent la plus grand pitié du monde

Alaigre.

Qui ne fcait fon meftier ferme fa boutique,
Ils'amufent a chanter ils n'y entédent rien
car les femmes n'ayment pas tant les voix
que les inftrum.ents.

la mufique.

C'eſt pour vous belle Egyptienne
Qu'il quitte ſa flame ancienne
   Qui cauſe ſon tourment:
Ne luy faites d'impoſture
Il croit que ſa bonne aduenture
   Eſt d'eſtre voſtre amant.

Philippin.

Hola c'eſt à Florinde qu'on addreſſe l'eſteuf, c'eſt ce grand eſcorcheur de Sergẽs Fierabras.

Alaigre.

C'eſt vn bon vendeur d'eſpinars ſauuages, ma foy nous l'auons bien mangé tout tãt que nous ſômes, il ne nous reuient point au cœur, ie croy qu'il n'a que faire d'appreſt les œufs ſont durs pour luy retournons dormir.

La muſique.

Beauté plus diuine qu'humaine
Receuez ce grand Capitaine
   Apres tant de hazards
Ne faictes point tarancherie,
Soyez ſa venus ie vous prie
   Il ſera voſtre Mars

Fierabras

Chut i'entens quelqu'vn qui me vient tarabuſter en ce lieu, où ame qui viue ne peut pretendre que moy.

Le preuoſt.

Nous voicy tantoſt ou l'on ne nous attend pas

Fierabras.

Ouy à voſtre dam, perturbateur de mon repos. *Le preuoſt.*

Qui ſont ces bandoüilliers qui parlēt ſi har
dimēt ; Canailles, ſi vous eſtes ſages ne croui-
piſſez pas d'auātage & vous retirez, il eſt heure induë,

Fierabras.

Ha ventre, commāde à tes valets, & garde
que je ne te donne vn ſi beau reuire marion
que la terre t'en donnera vn autre.

Le preuoſt.

A beau ieu beau retour, compagnons trait-
tōs ces droſles la de martin baſtōn, nos eſpées
ſeront plus de requeſtes ailleurs.

Le 1. Archer,

Ie voy bien que la chair leur de mange.

Le 2. Archer.

Il faut gratter leur coine.

Fierabras.

L'ignorance faict les hardis
Et la conſideration les craintifs !
Bien courir n'eſt pas vn vice,
On court pour gaigner le prix
C'eſt vn honneſte exercice,
Va bon coureur n'eſt iamais pris.

le preuoſt.

Comme diable il arpente, nous auons fait la
vn crotesque de ſordre.

Le 1. archer.

Ils gaignēt le haut plus viſte qu'vne lieure de
beauſſe,　　　　　　*Le 2. Archer.*

Les pauures muſeaux de chiens, nous auōs
bien reuiſité leur fripperie, ils n'ē ont paſti-
ré leur brayes nettes, ils y ont laiſſe de leurs
plumes.　　　　　*Le preuoſt·*

Ce n'eſtoit pas la pour ma dent creuſe, aux
autres ceꝜx la ſont pris,　　*il heurte a la porte.*

　　　　　　Philippin.

Qui eſt la, qui eſt la, vous frappez en maiſtre.

　　　　　　Le 2. archer.

A mis ſont ouurez ſeulement.

　　　　　　Philippin.

A mis ſont bons, mais qu'ils apportent, ſeigneur Lidias venez l'on vous veux marier.

　　　　　　Le preuoſt.

Ouy, ouy, iuſte & carré comme vne fluſte,
nous le feſtinerons d'vne ſalade de Gaſcon,

　　　　　　Alaigre.

Le diable eſt bien aux vaches, ces diables là
ont le nez fait comme des Sergent *Philippin.*

On t'en pond Sergent, toy & ton recors, mō
maiſtre n'eſt pas obligé par corps.

　　　　　　Lidias ior·

N'importe qui que ce ſoit, en bien faiſant on
ne craint perſonne ; mais ma veue me fait
faux bond, ou i'apperçois vn frere en qui ie
ne ſongeois non plus qu'a maller noyer Eſt
ce vous mon frere.　　　*le preuoſt.*

Hé mon frere, c'eſt grand nouueauté que
de vous voir, ie vo⁹ croyois à plus de cẽt lieuës
d'icy. Que veut dire cela, ie ſuis auſſi rauy de
vous auoir rencontré que ſi i'eſtois ro y de la
febue. *Alaigre.*

La douce choſe accolez ce poteau ie ſuis auſſi
reſiouy de voir cela que ſion me fricaſſoit des
p ulets. *le preuoſt*

Ie ne voudrois pas pour vne pinte de mon
ſang ne vous auoir trouué, on vous croit ad
patres. *Lidias.*

Vous me voyez ſain & ſauf & entierement a
vous a vendre & a deſpendre.
Lidias.

Hé ſuis-ie ton pere ; vous ay-ie vendu des
pois qui ne cuiſe pas , vous me regardez de
coſté. *le I. Archer.*

Non mais il me ſemble que ie l'ay veu aux
prunelles. *Alaigre.*

Mes meſſieurs, ſans ceremonie, couurés ces
maquereaux de peur qu'ils ne s'eſuentent.
Lidias.

Dictes moy ie vous prie mon frere , quel
deſſein vous meine
le preuoſt.

Ie cherchois certains Egyptiens qui pillent
par tout où ils paſſent , mais ie crois que i'ay
quitté leur briſee, i'ay vne memoire de lieure
ers en courant

Lidias.

Vous n'en eſtés pas eſloigné d'vn quart
de lieuë car c'eſtoit nous, il n'y a qu'vn moment qu'eſtions deſguiſez en ceux que vous
cherchés, nous auions pris la peau du renard
pour attraper ce vieil coq de Docteur Theſaurus & luy iouer vntour depaſſe paſſe. Et en
effect nous luy auons prepare l'eſprit à receuoir vn futur gendre qui luy doit venir côme châpignons en vne nuict, quoy qu'il me
cognoiſſe auſſi bien que s'il m'auoit nourry,
mais non pas pource que ie ſuis à preſét malgré luy & malgré ſes dents. Ie vois bien que
vous n'entendez pas tout ce galimatias icy,
auec plus de loiſir ie vous eſclairciray la matiere.

Alaigre.

Tantoſt tantoſt, nous vous en conterons de
huict & de treize.

Lid...

Entrons dedans le logis, ie vous veux faire
voir vne ſœur qui eſt ve nuë de la grace de
Dieu, & qui eſt belle & grande.

Alaigre.

Il ne faut prendre garde à la grandeur,
mauuaiſe herbe croiſt touſiours, entrez ſeulement, vous verrez qu'elle n'eſt point tant
deſchirée, auec cela vous apprendrez le reſte
du tripotage.

Le preuost.

Ie meurs d'impatience de fçauoir à quoy ab-
boutiroit toutes ces feintes: ievous veux auffi conter la rencontre de certaine mufique
qui vous fera rire à gorge defployée, entrons donc ie vous prie.

Alaigre.

Philippin vn mot, voicy des efcogriffes qui
ne nous apporterons rié, ne laiffez pas traifner vn chiffon qui nous appartienne, ils ont
la mine de le ferrer & regardons pluftoft à
leurs mains qu'à leur pieds.

Philippin.

Auffi feray-ie car quand ils ne feroient
pas larrons, ie croy qu'ils font hardis pre-
neurs.

SCENE. II.

Fierabras.

OV sont-ils ses Mirmidons, qui ont si te-
merairement donné vn assaut à mon
courage, ils courent comme si le diable leur
auoit promis quatre sols, mais ils ont beau
d'etaller ie ne me donneray pas la peine de
courir apres eux. Ha, ventre, ie desespere
quand ie songe qu'il a fallu que le vaillant,
terrible & foudroyant Fierabras se soit laissé
mettre hors de games par des mortels sans
auoir faict vn deluge de sang, ils sçauoient
bien que mon courage mesprise ses ennemis
quand ils sont trop foibles, car en effect la
pitié ma empesche de les regarder de mauuais œil de peur de les faire mourir subite
mét sãs auoir le loisir de songer à leur côscien-
ce, mais quand ie reuiens à moy faut-il qu'v-
ne petite fille, vne petite barbouillée ait fait
trouuer lieu en moy à vne autre passion qu'à
celle de Mars Dieu me sauue, elle à causé vn
miracle auquel ma memoire donne fin par le
resouuenir des treues que i'auois accordée à
tous les Roys & mescreens de la terre qui sõt
expirées, ç'est pourquoy il faut que ie leur

aille seruir à present defle au & couróner ce
front de lauriers que la bouë en badinant
auoir fleftris par la chaleur. Ce petit demon
auoir allumé en moy vne flame par les yeux
de certaines petites marmotes qui fans y
penfer euft peu caufer quelque fumée au
luftre de ma gloire pour l'eftouffer, c'eft le
regret que i'ay Maintenant, car puis qu'vn
homme de paille vaut vne femme d'or, le
Mars des mortels, doit il efperer moins qu'v-
ne diuinité, ha ventre, ie vay faire baifer
mes pas à cinq cens Monarques & me faire
adorer par mille Princeffes, ou Dieu me
damne.

SCENE VII.

Le preuoft, Alaigre, Philippin, Lidias, Florinde,
Le Docteur, Alizon, & Macée,
Le preu. 9.

MOn frere, charité bien ordonnée cô-
mence par foy mefme, ie trouue que
vous auez fort bien faict d'ofter Madamoi-
felle Florinde au Capitaine Fierabras, c'eft
vn trefor dont il eftoit indigne ie ne m'eftô-
ne plus fi vous eftes gay côme Perrot, vous en
auez fubiet, car la chance eft bien tournée

depuis que nous vous voyons auſſi triſte queſi
vous euſſies eu la mort aux dents, l'amour
vous faiſoit la guerre en ce temps la, mais à
preſent vous aués recouuré celle que la renommée vante par tout, & qui eſt la perle
desfidelles.

Alaigre.

Ie ne m'eſtonne doncpas s'il la ſi bié enfiléé
puis qu'elle eſt la perle des filles, c'eſt folie
d'en mentir il à ma foy bien trouué ſon ba-
lot.

Philippin.

Dame il arriue en vn iour ce qui narriue
pas en cét, ha ieuneſſe que tu esforte à paſſer.

Lidia.

Mon frere chaque choſe à ſa ſaiſon, & chaque ſaiſon apporte quelque choſe nouuelle,
auiourd'huy Eueſque & de main Muſnier,
c'eſt le monde l'vn deſcend & l'autre monte,
le bon heur ſuit le malheur, chaſque choſe
fait ſõ cõtraire & cherche ſonſéblable, apres
la guerre la paix que nous pouuons auõr ſãs
coup ferir, le iour qui commence beau &
ſerain, nous prognoſtique qu'apres la plüye,
vient le beau temps.

Philippin.

Pardienne comme dit l'autre, Ciel pom-
melé & femme fardée ne ſont pas de l'ongue
durée, ſi ie ne voy le chemin S. Iacque eſcrit

au temps, ie m'y fie non plus qu'a vn larron
ma bource.

Alaigre.

Ho que tu as vn grand esprit, tu cognois bien
vn double.

Philippin.

Aga, rouge au soir & blãc au matin, c'est la
iournée du pelerin.

Alaigre.

Tu es vn grand Astrologue, tu t'y cognois
comme vne truye en fine espice, & pourceau
é poiure, tu ferois mieux les plats nets que tu
ne cognois les planettes, mais disputons sur
l'astrologie & troussons vistement bagage.

Lidias.

Allós tout de ce pas trouuer le docteur Thesaurus mon frere, il ne vous cognoist non
plus que le grãd Sophy de Perse. Il vous croira à cét pour cét des la premiere parole que
vous ietterez en auant touchant la baye que
nous luy voulons donner. Allons qui m'ayme me suiue.

Alaigre.

Escoutez sur tout fichés luy bien vostre cole,
& qu'elle soit franche; mais tournons vn peu
la traye au foin, il n'y auroit point de dãger
de boire vn coup de peur du mauuais air.

Philippin.

Tu as tousiours le gosier adulteré, si tu estois

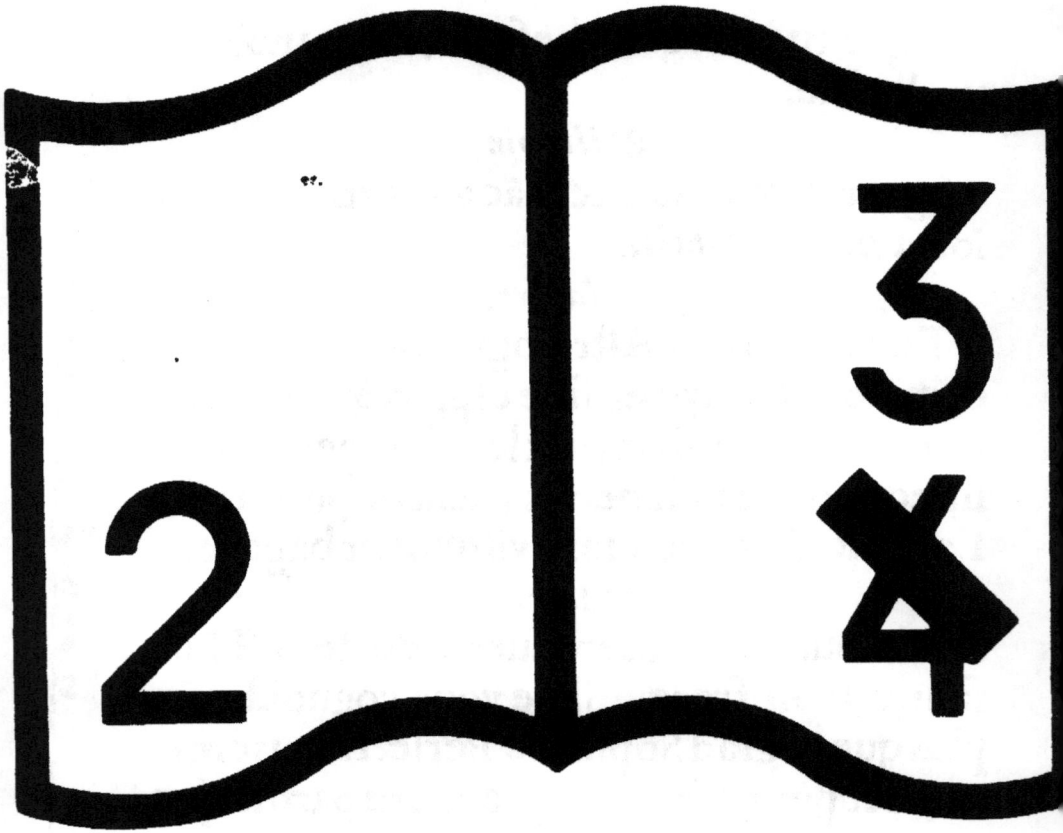

Pagination incorrecte — date incorrecte

NF Z 43-120-12

prescheur tu ne prescherois que sur la ven-
dange.

Florinde.

Nous voicy ,tantost au lieu ou il faut enté-
dre sentence ,pour moy i'en tremble côme
la fueille.

Lidias.

On dit qu'il ne faut iamais trembler qu'on
ne voye sa teste à ses pieds , mais à vostre
compte vous estes bien loin de la. *Le Preuost.*
Il no⁹ faut estre asseurez côme meurtriers,&
ne se pas laisser prédre par le bec. *Philippin.*
Il ne faut rien desbagouler, pour moy ie
m'en vais faire le marmiton,& bien agencer
l'éplastre pour bailler mieux la fée. *Alaigre.*
O que voila vne belle maison s'il y auoit
des pots à moineaux , nous ne trouuerôs pas
village de bois. On ouure la porte à Calpin le
ieune. *Florinde.*
C'est mon pere le sur. *Thesaurus.*
Dieu me doint aussi bonne encontre côme
mon songe semble me la promettre , il me
sembloit que i'auois trouue deux enfâs pour
vn : ie m'en vais me recommander à nostre
Dame de recouurance. *Le preuost.*
Monsieur elle vous renuoye ce qui n'estoit
pas perdu, aussi seine & entiere que quand
elle est sortie du ventre de sa mere.

Thesaurus.

Est-ce vous mon enfant, mon baston de vieilleße, est-ce vous ma petite rate, ma petite freßure, helas mon foucy, & d'où venez vou, n'auiezvous point de langue, ho là, la ne pleurez point tant vousl'aurez, mais dites moy vn peu qui vous auoit fi bien trouße en malle

Florinde.

Mon pere, ie ne fçait ; mais fans le fecour de ce Gentil-homme vous n'auriez pas de fille, c'eftà luy à qui vous deuez fcauoir gré de m'auoir conferué l'honner fain & entier expofãt fa vie à plus d'vne douzaine d'efpée, dont les coups tomboient furluy & fur le frens comme la pluye. Philippin à efchapp belle auffi bien que moy, ie m'affeure qu'i fçait bien à quoy s'en tenir. car il eut de bôs chinfreneaux.

Philippin.

Ils n'auoient pas enuie de me faire languir font des mefchans ils ont coupé la main à noftre cochõ, fãs le feigneur Lidfas & ce vifag là, ils m'euffent coupé bras & iambes, & m'euffe enuoyé aux galleres, en deux coup de iarnac ils nous deliurerent de cefte maudite engeance.

Thesaurus.

Mais encore n'auez vous point eu ven qu'ils eftoient, vous qui les auez rembarrez

Alaigre,

O ma foy foüillez moy pluſtoſt, ie vous diray bié qu'il en de meura moins d'vne douzaine ſur le carreau, ils eſtoient tellemét ha-
hez de coups d'eſpée qu'on ne les pouuoit
ecognoiſtre, Auec cela nous les auons per-
ez à iour comme des cribles. *Lidias.*
Nous priſmes langue aux lieux prochains!
nais cela ne nous ſeruit de rien, car ils cou-
oient comme des leuriers. *Alaigre.*

eux qui reſterent ne nous dónét pas le loi-
ir pour nous recognoiſtre, car ils nous tour-
erent bien toſt le dos, & nous monſtrerent
eurs talons dont ils n'eſcrimoiét point mal,
uand ie vis cela, ie iettay mon bonnet par
eſſus ie moulins, & ie ne ſcay qu'il deuint.

Theſaurus.

Il faut que i'appelle noſtre chere moitié.
aféme, venez voir noſtre gen ture venez
iſte, noſtre heritage eſt de retour. *Philippin.*
lle eſt reuenuë Deniſe, tout va bien.

Alaigre.

arlons bas, choſe nous eſcoute.

Theſaurus.

eigneur Lidias, il faut que ievousembraſſe,
ay mis en arriere la dent que i'auois contr'e
ous. *Fierabras.*

lizón, ie te baiſe lespieds lesmainsfonttrop
ommunes. Morbleu tu as lesyeux riátscom-

me vne truye bruflée, tués d'aufli belle taille
que la perche d'vn ramonneur, dy moy fãs
mentir de combien as tu auiourd'huy ferré
la mule regarde Philippin, ce drolle il t'ayme, il rit tortu.   *Alizon.*

Tu n'es qu'vn hableux, ie ne fuis pas viande
pour ton oifeau.   *Thefaurus.*

Puifque vous aimez ma fille, publiez le mal
talent que vous pouuez auoir contre moy. I
fuis fafché de ne vous auoir pas traitté comme mon enfant, vous le meritiez mieux que
ce donneur de canart à moitié, qui nous pro-
mettoit tant de chafteaux en Efpagne.

Lidias.

Monfieur l'hommepropofe & Dieu difpofe.

Philippin.

Mais que tu faffe bien les lieures prendront
les chiens.   *Alizon.*

Hé le malitorne, que cela eft mauffade, il
ne fcauroit laiffer le monde comme il eft.

Macee.

Helas ma pauure fille, ie fuis plus heureufe
de t'auoir recouuerte que fi i'auois trouué la
pierre philofophale. Ie ne faifois que traifner
mã vie en ton abfence, à cette heure il femble que ie volle, le cœur me faute dãs le vêtre, ie m'efpanoüis la ratte, ça que ie t'em-
braffe à mon gogo.   *Alaigre.*

Mais à propos qu'eft deuenu ce Capitaine

des bādes grifes, il a toufiours efté auffi chā-
teux que le chien à Brufquet.

C'eft vn pipeur, les petits enfans en vont à la
mouftarde, vn temps durant ie l'ay veu hō-
nefte homme pourtant.   *Alaigre.*

Honnefte, homme, c'eft donc en latin, car
vn grenier à coups de poin ce morfōdu là, fy
fy, au diable.\   *Philippin.*

Vous l'auez donc recogneu feigneur de nul
lieu faute de place, ie me doutois bien qu'il
eftoit des gentils hommes de la Beauffe qui fe
tiennent au lict pendant qu'on refait leurs
chauffes   *Thefaurus.*

Mais ma femme ne faites pas comme les fin-
ges qui ferrent fi fort leurs petits quand ils les
careffent qu'ils les eftouffent Ma femme rē-
dez vn peu l'honneur à qui il appartiēt & faites vne accolerette à ce gentil-homme, que
vous deuez à tout iamais à perpetuité & par
tous les fiecles cherir comme s'il auoit tourné
en voftre ventre.   *Lidias.*

Madame ie ne merite pas la moindre partie
de l'hōneur que ie reçois de vous, ce que i'ay
fait n'a efté que par deuoir ie vous prie de
croire que c'eft la moindre chofe que ie voudrois faire pour voftre feruice.

Macee.

Monſieur, vous nous obligez ſi fort a faire eſtime de vous, que vous nous pouuez cõmãder auſſi abſolument que le roy a ſon Sergẽt & la Royne à ſon enfant, *Alaigre.*

Pour luy il a les iambes de feru & le cul de verre, il rompra tout s'il ſe remuë *Macee.*

Vous voyez des gens qui ſe repente de vous auoir fait paſſer tant de mauuaiſes nuicts vous ſçauez qu'il vaut mieux ſe ſepentir tard que iamais, nous l'amanderons de façon ou d'autre *Lidias.*

Madame rien ne s'acquiert ſans peine ? puis que les moindres choſes meritent le trauail qu'on y employe, & les bõnes graces du pere, de la mere & de la fille, que i'eſtime par ſur les montagnes, meritoiẽt bien d'eſtre acquiſes auec toutes ſes peines & meſme au peril de ma vie, comme i'ay fait. *Theſaurus.*

Ma femme, s'il vaut mieux eſcu que l'autre maille, Dieu le doint à noſtre fille. *Macée.*

Monſieur, nous vous prions de l'accepter d'auſſi bon cœur que quelque choſe de meilleur, c'eſt peu à voſtre eſgard nou.. .. en doutons pas. *Theſaurus.*

Nous vous donnons ce que nous auons en aãmy, ſans aucune condition que celle que voudrez. *Lidias.*

Thefaurus.

Monfieur, i'accepte cecy & cela & tout ce
qu'il vo⁹ plaira, ie vo⁹ dõne la carteblãche
Vous eftes vn braue homme de receuoir
ces compromis fans barguiner, pour les
autres petites bagatelles nous ne nous bat
trons pas enfemble.

Alizon.

Vous fcauez bien cõme vous vous en portez ma maitreffe, tredame vous voila grã-
de comme vn iour fans pain.

Florinde.

Tu caquette toufiours comme vn char-
donneret.

Thefaurus.

Mais s'il eft ainfi qu'on cognoiffe par les
fleurs l'excellence du fruict, ce Gentil-
homme là eft honnefte à fa mine.

Lidias,

Monfieur, s'il n'eft ce que vous dittes, au
moins eft t'il du bois dont on les faict.

Philippin.

Pourquoy ne le feroit-il pas, le coufin ger-
main du pere de fon grand pere auoit enuie de l'eftre.

Alaigre.

Il eft mefchant, ie ne voudrois ma foy pas
qu'il m'euft rompu vne iambe, c'eft vn al-
land il a la feffe tonduë: fol qui luy dõnera

fa femme en garde, c'eſt vn mâle il a la gor
ge noirc.   *Lidias.*

Sans vous tenir d'auantage en ſuſpens &
pour vous eſclaircir de doute, ievousaſſeu
re qu'il ne peut eſtre plus proche s'il n'eſt
mon pere.   *Le preuoſt.*

Monſieur, ie ſuis voſtre ſeruiteur, quand
vous ne le voudriez pas.

Theſaurus.

Monſieur, vous nous tiédrezpour excuſez
s'il vous plaiſt, nous n'auõs pas l'hõneur de
vous cognoiſtre, vous ſçauez que nuln'eſt
appris & inſtruit.   *Philippin.*

  importe, n'importe, tous chats ſontgris
de nuict.   *Matie careſſe Alizon.*

Le Preuoſt.

Monſieur ie ſuis ce que ieſuis:mais ie vous
coniure de croire que ie ſuisautant voſtre
ſeruiteur qu'vn pareil à moy.

Theſaurus.

Ma femme, meſnagez voſtrecontentemẽt
vne ſoudaine ioye tuë auſſi toſt qu'vne grã
de douleur. Voila le frere duSr. Lidias,
rendez luy deuoir, il faut honorer lavertu
par tout où on la trouue.   *Matie.*

Vrayement à la bonne heure.   *Alaigre*

Nous prit la pluye.   *Matie.*

Il fait benviure& rien ſcauoironapprend
touſioursquelque choſe, mõſieurpardónés

leur; ils ne sçauent ce qu'ils font ie vous affeure.　　　　*Lepreuost*

Madame, ou il n'y a point de faute il n'y a
point de pardon.　　　*Macee.*

Vous sçauiez que nous ne sommes pas mai-
stres de nos premiers mouuements.

Alaigre.

Ie donne au diable si.　　　*Philippin.*

Toubeau ie retiés la teste pour faire vn pot
a pisser.　　　*Alaigre.*

Si on donne rié a si bon marché que les cō-
plimens.　　　*Philippin.*

Retire toy de la; ta iument ruë, si le diabla te
venoit querir, i'aurois peur qu'il ne prist le
cul pour les chausses.　　　*Alaigre.*

Cela ne vaut pas le disputer.

Philippin.

Tu t'estonne d'entendre les compliments,
Vraiment ils en disent bien d'autres dont ils
ne prennent point d'argent,　　*Alaigre.*

Ils payent souuent le monde de ceste monnoye là, car tous tant qu'ils font ils ressem-
blent les arbalestiers de Cognac, ils font de
dure desserre; c'est iustemét cōme les cō-
pagnons bahutiers, ils fōt plus de bruict que
de besongne.　　　*Macee.*

Prenez moy enfás, ceux la font-ils de vostre
caballe　　　*Theaurus.*

Eftes vous camarade enfemble   *Philippin.*

Camarade, leur camarades font au moulin la corde au col & les fers aux pieds. Voulez vous que ie vous dife, toutes côparaifôs
font odieufes, vous auez bon foye ma fo yde
m'accomparager à telles gês que cela, ils ne
furẽt iamais de noftre plat bougre.

Alaigre.

Ho ma foya propos fignés-vous, vous voyez
les mauuais & fi ie vous refponds qu'ils ferôt
de la nopce des plus auãt & des moins prifez,
Ce fons gens qui payent bien quand ils payét
contant Au refte il gaignent par tout, ie croy
qu'ils portent de la corde de pendu, en vn
mot fôt ceux qui mette le môde en la boëfte
aux cailloux.   *Philippin.*

Sont les deux fils de Michaut Croupiere qui
eft maiftre aux arts, tailleur, de pourpoint à
vaches. Il eft pardienne auffi vray que ie pef-
che, voyez le beau maquereau que ie tiens.

Macee.

Nous fômes prefques auffi fcauans que nous
eftiôs. Mais ce n'eft pas fait allôs mettre tout
par efcuelle pour folénifer la nopce, ie veux
marquer pour iamais ce iourd'huid' vne pier
re blanche. On dit bien vray que nul né
fcait le futur. *Poft tenebras lux, poft nebula fœbur,*
dieu fait tout pour le mieux mais laiffôs cela à

part,& allôs faire la nopce,messieurs ie vo⁹
pric de la benisson & du disner non. *Alizon*

Ie m'envais apprester à bien remuer le pot
aux crotes,mon maistre n'aurons nous pas
les flusteurs.　　　　*Thesaurus.*

Cela s'en va comme le vin du valet,foy de
scauant hôme ie suis aussi aise qu'a la nopce
　　　　Aiaigre.

Alizon tu as gaigné ton procez,tu d ance-
ras tantost la dance dù loup la queuë entre
les iambes.　　　　*The saurus.*

Allons mes enfans,entrons dans le logis,
& faisons bonbance bonbance.　*Philippin.*

Morbleu faisôs gogaille,le diable est mort.
　　　　Mace.

Messieurs,ne vous plaist-il pas d'entrer,
mon mary vous monstre le chemin.
　　　　Ala gre.

Ils ne feront pas cette sottise la,vous la ferez s'il vous plaist.　　*le Preuost.*

Madame treue de ceremonies.
　　　　Philippin.

Vous auez sept ans passez,quand les canes
vont aux champs la premiere va deuant.
　　　　Ala gre.

Voila qui est bien, ils vont deux à deux côme freres mineurs.　　*Philippin.*

Florinde ressêble à l'esp ousée de Massi,elle
passeroit sur quatre œufs sâs u'elle encas

fast demy douzaine. *Alaigre.*

Et la Alizon, remuë toy, tu n'as rien de rô-
pu, veux-tu vn seruiteur ; voila le galland,
n'en veux-tu point, tune l'auras pas, vn mary
sans vne amie ce n'est rien fait qu'a demy.
Pource qui est de Philippin, vn cochon de
son aage ne seroit pas bon a rostir, si tu veux
que nous nous metions ensemble ie te feray
plus aise qu'vn pourceau en l'auge. *Alizon.*

Helas que nenny, vous seriez deux loups a-
près vne brebis. *Philippin.*

Vrayememt tu n'as garde de le perdre, tu
ne la tiens pas, tu n'es qu'vn bourrache, tu n'as
pas le liart pour te faire tondre, & tu te veux
marier. *Alaigre.*

Taisez vous gros caffard, si vous faites la beste le loup vous mangera *Alizon.*

Race que tu es, ie ne scay comme ie ne t'ar-
rache la face au courage qui me tient, tu es
vn hôme bien fait pour tourner quatre bro-
ches, le voyez vous il est basty côme quatre
œufs, & vn morceau de fromage : vraiment
tu n'as garde d'enfondrer, tu es bien arriué.

Alaigre.

La pucelle à Iean Guerin, ie t'asseure que
ie ne voudrois pas cacher ma bourse entre
tes iâbes on y foüille trop souuent. *Philippin.*

Agaalizon, l'enuie ne mourra iamais, mais

les enuieux mourront, en dépit deux que ie
t'accolle.

Alaigre.

O la grande amitié quand vn pourceau
baise vne Truye, pousse, poussequentin, c'est
vin vieux. Tu feras comme les sauetiers tu
trauailleras en vieille besongne arreste
quãd vous voudrés tous deux on fera vn trou
à vos chausses.

Alizon.

Va, va mal encontreux Dieu te conduise
& le tonnerre, tu n'yras pas sans tabourin.

Philippin

Aga ma grosse creuasse, c'est vn meschant
tu le verras boüillir en enfer, tu sçais bien ce
que ie te suis rien si tu ne veux, quand tu voudras ie froteray ma quoyne contre ton lard
& te couuriray de la peau d'vn chrestien,
Alizon si tu veux nous coucherons nous deux

Alizon.

Tredame, tu n'est point degousté, l'eau ne
te vient elle point à la bouche, aye patience
que soyons mariés, il faut que messire Iean y
passe & puis tu y passeras tout ton soul, ie vois
bien que tu es bien amoureux, car tu es bien
chatoüilleux

Philippin saute sur le dos d'alizon.

Tu as bon dos, tu es bonne à marier il ne mã-
que plus qu'à coupper du pain au chanteau.

Alizon.

Dame Philippin, il te faut vn peigne, tu t'é
veux mefler, tu as les genoux chaux tu veux
iazer, ie te trouue tout ieune & ioyeux ie
croy que tu as encore ton premier beguin
& aga mon pauure belot, qui te tordroit le
nez il en fortiroit du laict, & fi tu reffemble
les grands chiens, tu veux piffer contre les
murailles.   *Philippin,*

　Et pourquoy non, ay ie pas de la barbe au
menton, fuis ie pas auffi dru que pere & mere, & puis ne fçais tu pas que les plus fots le
font le mieux.   *Alizon,*

Vertu chou qu'el chenault, tu as les dents
plus longue que la barbe, ie penfe que tu
viés de vaugirard, ta gibeciere fent le lard
ou bien d'vn eftrange pays, car tu as de la
barbe aux yeux,   *Philippin,*

Morgoigne, tu es belle a la chãdelle mais le
iour gafte tout. Allõs a la nopce nous enfõ-
mes biẽ ferrez pour noftre argẽt, c'eft pour
nos maiftres & pour nous qu'on fait la fefte.
Finis coronat opus, cõme dit le docteur, la fin
courõne les taupes. Tirez le rideau la farce
eft iouée, fi vous ne la trouuez bõne faictes
y vne fauffe, ou faictes roftir ou bouillir &
traifner par les cedres, & fi n'eftes contens
couchez vous aupres, les valets de la fefte
vous remerciffont, Bon foir mon pere & ma
mere & la compagnie.

　　　　　　F I N.

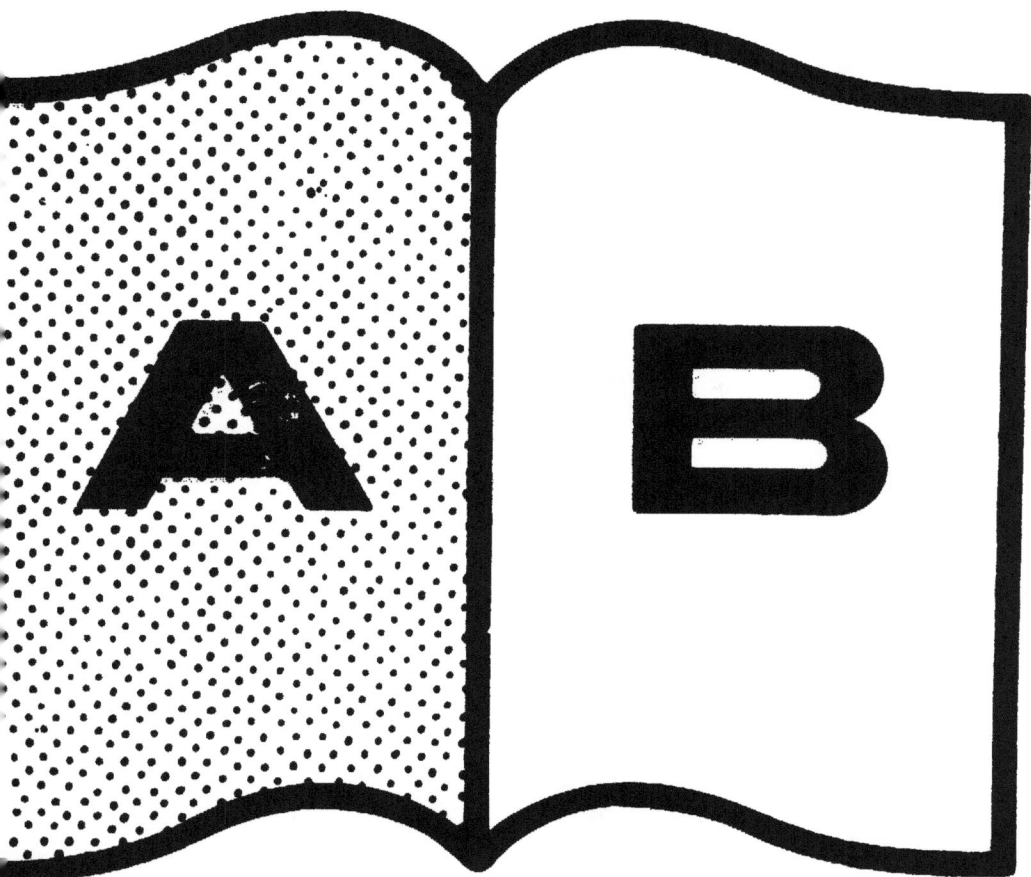

Contraste insuffisant

NF Z 43-120-14

www.ingramcontent.com/pod-product-compliance
Lightning Source LLC
Chambersburg PA
CBHW051739090426
42738CB00010B/2333